KB108230

프랑스 혁명의
공포정

혁명의 특효약인가,
위약인가?

프랑스 혁명의
공포정

휴 고프 지음
주명철 옮김

여문책

옮긴이 서문

　　　　　　　　　　　2010년을 전후해서 이 책의 초
판(1998)을 대학원 수업 교재로 썼다. 은퇴하기 전에 프랑스 혁
명사를 써보자는 계획을 세우고 사료를 읽는 데 시간을 많이 썼
지만, 막상 이 책의 제2판이 2010년에 나왔다는 사실을 까맣게
모르고 있었다. 은퇴 후 예정했던 대로 프랑스 혁명사 10부작을
마치고 나니, 이 책의 초판 번역을 정교하게 다듬으면 우리나라
독자에게 프랑스 혁명기의 공포정에 대한 가치 있는 입문서가
되겠다는 생각이 들었다. 원문과 번역을 다시 대조하고 수정하
면서 반드시 발간해야 할 책이라는 확신이 더욱 강해졌다. 여문
책 출판사에 출판을 권고하고 기다리는 동안, 제2판이 나온 지
10년이 되었다는 사실을 알았다. 여문책 출판사가 번역계약을
마치고 전달해준 제2판에서 저자 서문, 목차, 참고문헌 목록을
살펴보고 나서, 초판 번역원고를 활용하기보다 완전히 새로 번
역해야 한다고 생각했다. 초판도 공포정의 이모저모를 정리했지
만, 제2판은 문화 정책에 대한 내용을 추가해서 구색을 맞추었

기 때문에 완전히 새로 번역하는 과정도 즐거웠다.

저자 휴 고프(1944-)는 아일랜드 더블린 대학교 역사과 명예교수이며 프랑스 혁명사와 현대 프랑스에 대한 글을 많이 썼다. 나는 대학원 수업에서 그의 주저라 할 『프랑스 혁명기 신문*The Newspaper press in the French Revolution*』(The Dorsey Press, 1988, 264쪽)도 학생들과 함께 공부했다. 그럼에도 이 책을 먼저 번역하는 이유는 단순하다. 혁명기 신문에 대한 자세한 연구보다 혁명기의 공포정이 더 많은 독자에게 흥미롭고 유익하리라 믿었기 때문이다. 발행인 서문에서 보듯이, 교사와 학생들은 혁명사의 쟁점 주제를 이해하고, 자신에게 적절한 출발점을 찾기 바란다. 원저자의 글을 쉽게 이해할 수 있도록 대괄호 안에 짧은 설명을 추가하고 좀더 구체적인 내용은 본문 하단에 각주를 덧붙였다.

나는 프랑스 혁명을 공부하면서 항상 우리나라의 현실과 공동체의 구성원에 대해 생각했다. 우리나라는 '자유민주주의'를 표방하는 국가임에도 대한민국 단독정부 수립 이후 최근까지 독재정권을 경험했고, '촛불혁명'과 대통령 탄핵 이후 문재인 정권이 들어선 뒤에도 독재정권이라는 말은 사라지지 않았다. '형광등 100개'를 켜놓은 듯이 '아우라'를 내뿜는다던 박근혜가 탄핵당하기 직전의 기자회견장에서는 열심히 필기하고 당돌하게 질문하는 기자들의 모습을 볼 수 없었지만, 문재인 대통령에게는 거침없이 비판한 뒤 불리한 얘기를 마구 쏟아낸다. 이러한 태도의 변화를 보면서 '독재정권'의 모습과 내용이 변했음을 실감했고, 또한 공동체 구성원의 자발적 참여가 민주주의 실천에 얼마나 중요한지 절실히 느꼈다.

'자발적 참여'를 얘기하려다 보니 내가 처음 프랑스 혁명에 관심을 가진 때가 1970년대의 이른바 '유신시대'였음이 떠오른다. 그 당시 나는 프랑스 혁명의 역사를 하나도 모르는 상태였으며, 프랑수아 퓌레François Furet가 기존의 프랑스 혁명사를 비판하기 시작했다는 소식을 막연하게 듣고 아는 정도였다. 딱 그 수준의 지식만 가지고 유학을 준비하면서 파리 1대학(팡테옹 소르본 Panthéon-Sorbonne)의 혁명사 담당교수인 알베르 소불Albert Soboul을 알게 되었고, 그의 『프랑스 혁명사 개설Précis d'histoire de la Révolution française, Paris, Editions sociales』(1962)을 읽으면서도 맥락을 파악하지 못한 채 쩔쩔매고 있었다.

유신시대가 끝나고 신군부의 전두환이 군사반란을 일으켜 독재를 시작할 때 유학길에 올랐다. 그르노블에서 3개월 어학연수를 받는 동안 파리에 전화를 걸어 소불 교수와 면담 날짜를 잡았다. 1982년 5월에 소불을 만난 자리에서 흔쾌히 입학허가를 받았다. 그런데 얼마 뒤 그가 세상을 떴기 때문에 충격을 받았다. 그러나 새 지도교수를 만날 때까지 나는 프랑스 혁명사를 공부하겠다는 막연한 목표에서 '어떤 사회가 혁명을 맞이했을까?'라는 좀더 구체적인 질문을 던질 수 있었다. 10월에 학기가 시작할 때쯤 프랑스 혁명사 연구소Institut d'Histoire de la Révolution française에서 프랑수아즈 브뤼넬Françoise Brunel과 지도교수 문제를 상의했을 때 다니엘 로슈Daniel Roche를 만나보라는 권유를 받았다. 게다가 소불이 받아준 학생들의 진로를 상담해주던 모리스 아귈롱Maurice Agulhon도 내 문제를 도와줄 사람으로 로슈를 천거했다.

그렇게 해서 나는 구체제 문화사가인 로슈를 만났고, 그가 인구사·경제사학자인 장 클로드 페로Jean-Claude Perrot와 함께 진행하는 공동강의에 참석했다. 마침 첫 강의가 로슈 교수의 바스티유 수감자와 책의 세계였다. 그와 면담할 때, 나는 그 주제를 연구하고 싶다고 말했다. 그는 흔쾌히 허락한 뒤 아르스날 도서관에 가서 공부하라고 조언했다. 그때부터 3년 이상 아르스날 도서관에 가서 1750년부터 1789년 사이에 출판법 위반자들에 관한 바스티유 문서를 일일이 베낀 뒤 기숙사에서 틈틈이 타자기로 정리하고 관련 서적을 읽었다. 얼마 후 로슈는 파리 1대학에서 피렌체의 유럽대학Institut Universitaire Européen de Florence으로 자리를 옮겨 몇 년 동안 가르쳤기 때문에 면담 기회가 사라졌다. 이메일을 쓰지 않던 때라 내가 타자기로 논문을 작성하고 베르사유에 사는 자원봉사자(배은망덕하게 그분의 이름을 잊었다)에게 교정을 받아서 피렌체로 보내면, 로슈 교수는 연필로 일일이 고쳐주고 발전시켜야 할 부분을 가르쳐주었다. 그 덕에 1986년 말에 미셸 보벨Michel Vovelle · 로제 샤르티에Roger Chartier의 심사를 받고 돌아왔다.

1987년 9월부터 한국교원대학교 역사교육과에서 예비교사들을 가르치면서, 모든 교수가 그렇듯이, 내가 가르치고 싶은 과목을 가르치지 못한 채 다른 과목을 가르쳐야 했다. 하지만 마음속으로는 '혁명'을 잊지 않았고, 민주주의와 어떻게 연결할까 고민했다. 예비교사들을 가르치다 보니 자연스럽게 중·고등학교 교과서에 관심을 가지게 되었고, 실제로 한번은 교과서 집필에 참여하기도 했다. 그때 나 나름의 방식으로 교과서 내용을 새로 썼다. 중요한 개념인 '면죄부'와 '삼부회'를 각각 '면벌부'와 '전국신분회'로 고치는 것에 그치지 않고, 프랑스 혁명에서 거의 예외 없이 '구체제의 모순'이라고 쓰던 도입부를 바꿔놓았다. 박사 학위 논문을 쓰면서 공부한 구체제의 사회와 문화는 '구체제의 모순'으로 요약할 수 없다는 사실을 알았기 때문이다. 여느 교과서에서 말하듯이 계몽주의가 프랑스 혁명의 사상적 기원이라면 계몽주의도 구체제의 산물이라는 사실을 지적해야 마땅할 텐데, 교과서의 저자들은 계몽주의자들이 '모순'과 상관없는 위치에서 '모순'을 바라본 것처럼 묘사했다. 나는 로슈 교수의 지도를 받는 동안 구체제가 타성에서 완전히 벗어나지 못했음에도 '근대화'를 향한 열정과 역동성으로 변화하고 있었다는 사실을 배웠고, 그렇게 해서 프랑스 혁명사를 공부하는 힘을 길렀다.

'구체제의 모순'이라는 관점은 혁명 세대가 구체제를 바라보는 시각이었다. 그들은 새로운 체제를 구축하기 위해 과거를 부정하고 '모순'을 강조했다. 교과서의 저자들은 어디서 그러한 사실을 배웠을까? 나는 일본의 교과서에서 한자로 표기한 주요 개념을 우리식으로 읽은 것이 고스란히 우리 교과서에 나타나는 현실에 무척 놀랐다. 그렇다, 우리의 학자들은 일본을 통해서 서양사, 특히 프랑스 혁명사를 배우고 수입했으며, 교과서를 집필하는 형식과 내용에서 일본 교과서의 도움을 많이 받았다. 식민지 시대에는 문화 정책 때문에 할 수 없이 일본 서적을 읽어야 했을지 모르겠지만, 광복 이후에는 누가 시켜서 그렇게 하지 않고, 자기 이익을 위해 자발적으로 일본의 지식세계에 예속한 상태에 머물렀다. 그리고 '학파'가 생긴 것처럼 일본어 번역을 우리의 용어로 고집하는 사람들이 있으니, '자발적 참여'라는 문제는 정치적 문제에만 한정되지 않은 막중한 주제임을 거듭 확인할 수 있다.

다행히 요즘은 '프랑스 혁명이 낳은 구체제가 아니라 프랑스 혁명을 낳은 구체제'라는 화두에 공감하는 사람이 늘었다. 한마디로 '구체제의 모순'에서 '구체제의 역동성'으로 주제의 성격이 바뀐 뒤, 구체제를 미워하던 사람도 혁명 직전까지 구체제의 성격이 많이 바뀌었음을 이해하게 되었다. 절대군주정은 루이 14세 시대보다 훨씬 느슨해졌고, 신분사회의 문화도 부르주아 계층의 활약으로 바뀌었다. 살롱 문화, 아카데미와 계몽주의 세계 등이 사회와 문화의 변화를 보여주는 척도였다. 경제는 여전히 농업 중심이었지만, 전쟁과 국제무역의 역학관계로 해군력 증강과 공장제 산업의 필요성이 부각되었다. 특히 여론을 형성하는 사람들과 그 청중의 수가 아직 미약하지만 열 배나 늘어났다. 여전히 종교서적이 가장 많이 팔리던 시절에 백과사전『앙시클로페디*Encyclopédie*』가 탄압을 피해 성공을 거두고 판본의 크기를 줄여가면서 국제적으로 독자를 확보했다는 사실은 구체제의 역동성을 입증한다.

우리가 프랑스 혁명을 해석하는 관점을 달리한다 해도 표준화한 줄거리를 거스를 수는 없다. 다시 말해 우리는 혁명의 연대기를 작성하고, 그것을 바탕으로 수많은 사실을 자기 나름대로 엮어서 해석하기 마련이다. '공포정'은 혁명의 연대기에서 어디쯤일까? 이 책에서 그 답을 흡족하게 찾기란 어려울 것이다. 더욱이 이 책을 읽은 뒤에도 '공포정'이 무엇이며, 프랑스 혁명기의 공포정이 과연 그 전과 후의 공포정과 무슨 차이가 있는지 의문이 잇따를 것이다. 나는 그 해답을 제시하기보다는 '공포'가 사람들을 동원하는 방식에 대해 나 나름의 생각을 간단히 밝히려 한다.

1588년 영국의 한 여성이 에스파냐의 무적함대가 영국을 침공한다는 소식을 듣고 놀라서 4월 5일에 '쌍둥이'를 낳았다. 정치철학자 토머스 홉스Thomas Hobbes가 들려준 말이다. 홉스는 '두려움'이 자신의 쌍둥이 형제라고 지칭했다. 그는 강자건 약자건 자연 상태에서는 두 다리 뻗고 편히 잠들지 못하기 때문에 강력한 존재에게 모든 권리를 맡기고 생명의 안전을 보장받기 위해 계약을 맺는다고 말했다. 생명을 잃을지도 모르는 상태의 두려움이 사람들을 자발적인 예속 상태로 몰아간다는 사상이었다. 이미 이탈리아 피렌체의 니콜로 마키아벨리Niccolò Machiavelli는 군주가 공포심을 조장해서 인간의 심리를 조작하는 방법을 설파했지만, 홉스는 개인들의 두려움이 자발적으로 사회를 구성하는 원리라고 생각했다.

프랑스 혁명은 민주주의 이념을 도입해서 '새로운 사회계약'을 탄생시키는 과정이었다. 절대군주정과 신분제 사회를 타파하고,[1] 동등한 권리를 가진 국민의 대표들이 법을 제정하는 입헌군주국의 실험은 헌법을 제정한 지 1년도 지나지 않아 실패로 끝났으며, 이후 민주공화국 체제를 세웠지만 뿌리 깊은 적폐와 수구세력은 끈질기게 저항했다. 국내외에서 프랑스의 전시동원 체제와 통제경제의 필요성에 공감하는 사람보다 반대하는 사람이

---

1 이 과정은 주명철. 프랑스 혁명사 10부작의 1, 2권(여문책)을 참조할 것.

훨씬 많았다. 혁명 주도세력은 1793년에 민주주의 헌법을 제정해놓고서도 긴급히 혁명정부를 수립해 공포정을 실시했다. 목숨을 잃을지도 모른다는 두려움 때문에 억지로 정부 시책에 따르는 사람들, 거기에 반발해 자신들의 재산과 자유를 지키려는 사람들이 격하게 대립했다.

우리는 이 책을 읽으면서 두려움 또는 공포가 사람들을 동원하는 동기로 작용한다는 사실을 확인한다. 고대부터 프랑스 혁명기까지 공포야말로 사람들을 순순히 동원하는 가장 효과적인 수단이었다. 그러나 근대 이후에는 공포를 이용해도 모든 사람을 한 방향으로 몰아갈 수 없다는 사실이 드러났다. 17세기 영국의 절대주의 시대에 일어난 퓨리턴 혁명, 18세기 말 프랑스의 신분제 사회의 문화와 새로 정착시키려는 민주주의 문화가 목숨을 걸고 다투는 모습을 보라. 이는 경제적 발전과 사회의 다원화가 가져온 결과다.

오늘날 민주주의가 발달한 우리의 현실에서 '공포'는 어떤 식으로 나타나는가? '촛불혁명' 이전에는 우리가 독재정권을 물리치지 못하는 경우 나라가 계속해서 소수의 이익을 위해 굴러갈까 봐 두려워했다면, '촛불혁명' 이후에는 기득권을 누리던 소수가 자신들의 전유물과 소유물을 완전히 빼앗길까 봐 두려워한다. 민주주의 사회에서는 시민들의 처지가 달라지거나 정치적 의견을 달리해도 조금도 위험하지 않다는 사실은 변치 않는다.

구성원들은 오직 자기 이익을 생각하면서 누구를 지지할지 선택한다. 독재시절에 순응하던 사람들이 오늘날 독재정권을 물리쳐야 한다고 목소리를 높인다. 유신체제의 심장에 방아쇠를 당기고 사형을 당하기 전에 "대한민국 국민 모두 민주주의를 마음껏 누리라"던 김재규의 말이 생각난다.

오늘날 우리는 두려움이 아니라 이익(대의명분이라 해도 좋다)을 고려해 행동한다. 자신의 이익과 공동체의 이익을 동일시하는 사람, 또는 자신의 이익만 생각하는 사람은 자신의 지식과 정보를 이용해서 어느 쪽에 설 것인지 판단한다. 그러나 두려움 때문에 동원되는 사람도 있다. 소수 기득권 세력은 자신들의 뿌리가 부정당하고 전유물과 소유물을 빼앗기는 상황이 올까 봐 두려워한다. 그들은 사람들을 속이거나 매수해서 자기네 두려움을 대변하게 만든다. 민주화한 사회에서는 반민주세력도 자기편을 많이 확보해야 하기 때문이다. 우리는 그들이 외치는 '자유', '공정', '민주주의'를 사전에 등록된 뜻 그대로 해석할 수 없다. 그들과 대변자들의 '선택적 분노'가 그러한 사실을 증명한다. 그럼에도 민주주의 의사결정 방식으로 다수결을 대체할 만한 것이 없기 때문에 '자발적 참여'를 권장해서 편먹기와 세력 불리기 경쟁은 끝나지 않을 것이다.

혁명을 정의하는 방법은 다양하지만, 우선적으로 '민주주의를 향한 새로운 사회계약'이라 정의할 수 있다. 우리 사회도 인간관계를 새로 정립하고 있다. 그래서 무엇보다도 갑을관계를 평등관계로 바꾸고 있다. 이렇게 될 때까지 지식과 정보의 확산 방법이 단단히 한몫했다. 아직도 종이신문에 의존하는 사람이 있지만, 대부분 스마트폰으로 장소와 시간에 제약을 받지 않고 정보를 얻는다. 돈을 받고 댓글을 달거나 모임에 동원되어 소수 기득권자의 분노와 두려움을 대변하는 사람이 다수일 때 민주주의 발전은 더딜 수밖에 없다. 그러나 정보화 시대에 지식과 정보를 스스로 검증하고 소식의 진위를 가릴 줄 아는 시민들은 품위 있는 경쟁을 통해 민주주의 문화를 발전시키고 있다.

우리나라는 과거 제국주의 방식이 아니라 진정한 뜻의 상호 이익을 위한 방식으로 대외 정책을 추진하는 덕에 다른 나라들로부터 선진국 대우를 받는다. 세계 여러 나라가 자발적으로 우리 문화를 받아들이고 우리를 지지한다. 우리는 '자발적 참여'로 진정한 협조를 이끌어내는 문화적 영향력이 옛날처럼 무력으로 타국을 정복하는 제국주의와 무력으로 국민을 탄압하는 독재정권 시대보다 더 원만하게 상리공생 체제를 구축할 수 있음을 전 세계에 증명하고 있다. 일본의 식민지였던 우리는 지금 일본보다 정치적으로 더 민주화했다. 우리가 지향하는 평화공존의 체제를 애써 부정하고 두려워하는 자만이 1793~1794년의 프랑스 공포정이나 군국주의 일본의 전성기를 부러워한다.

실제로 그 시대로 돌아갈지 모른다는 불길한 예감이 가끔 든다. 반민족행위특별조사위원회를 구성해서 반민족행위 처벌을 시도했으나 1년 만에 실패했을 때부터 불길했다. 오늘날까지 아무리 나쁜 행위로 권력을 잡았다 할지라도 그들이 저지른 만행을 제대로 단죄하지 못했다. 전두환이 프랑스에 온다고 할 때, 현지 방송에서는 날마다 그가 5·18민주항쟁에 투입한 군인이 저지른 만행을 보여주었다. 41년 전에 광주에서 있었던 일이 아직도 생생한데, 21세기의 대한민국 대통령을 꿈꾸는 사람이 군사반란을 일으켜 정권을 잡아도 정치를 잘한 것은 그대로 평가해야 한다고 주장하는 현실이 무섭다. 그는 거센 반발에 직면했지만 여전히 대통령 꿈을 접지 않을 만큼 지지를 받는다.

40년 전에 유·소년기를 보냈거나 그 뒤에 태어난 사람은 그 시절을 겪은 사람보다 관념적으로만 독재를 이해할지 모른다. 역사를 알아야 한다. 프랑스 혁명을 이해하려면 구체제(앙시앵 레짐)의 역사부터 이해해야 하듯이, 오늘날 '촛불혁명'의 목표를 이해하려면 최소한 일제강점기의 폭력성과 3·1운동의 평화주의 정신을 이해해야 한다. 우리가 오늘을 맞이할 때까지 소수자의 반민족행위나 만행을 제대로 단죄하지 못한 데다 그들이 조작한 상징에 속았다 할지라도, 우리는 꾸준히 평화적으로 저항해서 선진국 대열에 동참하게 되었다. 과거의 잘못을 바로잡지 못했기 때문에 적폐청산의 길이 험난하고 자칫하면 물거품이 될지도 모르지만, 그럴수록 이제부터라도 일벌백계가 아니라 신상

필벌주의 전통을 수립해 암울한 과거로 돌아가는 길을 완전히 차단해야 한다.

중국과 인접했기 때문에 민주화 열망을 제대로 분출하지도 못한 채 탄압받는 나라들을 보라. 아직도 군국주의의 만행을 반성하지 않는 일본을 보라. 중국은 번영하는 나라지만 민주화하지 못했고, 일본은 번영했던 나라이며 민주주의를 도입했지만 군국주의자들이 경제와 정치를 망쳤다. 그럼에도 그들을 옹호하고 대변하는 자들이 여전히 우리와 같은 땅에 살고 있다. 그들은 언제나 과거의 독재를 미화하고, 언제라도 독재가 필요하다고 생각한다. 깨어 있는 시민들이 단결해서 '촛불혁명'을 완수해야 할 이유다. 역사를 올바로 공부하고, 다른 사람의 나쁜 영향을 스스로 물리칠 수 있는 힘을 기른다면 가능하다. 진정한 시민만이 옳은 일을 조직하거나 거기에 자발적으로 동참할 수 있다. 시민권을 두려움이나 돈에 팔아넘긴 사람들이 지배하는 세상이 오지 않도록 늘 깨어 있어야 한다.

— 2021년 주명철

총서 발행인 서문

'유럽사 연구'The Studies in European History'는 새로운 연구와 성과물을 중심으로 날마다 전문화하는 역사 분야의 발전을 소개하는 총서다. 우리는 세 가지 목적으로 총서를 발간한다. 첫째, 유럽사의 핵심 주제나 일화에 대한 해박한 견해를 제공한다. 둘째, 각 권은 해당 분야에 활발히 참여하는 저자의 명확한 해석과 결론을 제시한다. 셋째, 학생과 교사에게 특정 주제와 그것을 둘러싼 토론 성과를 이해하는 데 꼭 필요한 정보를 간결하게 제시한다. 각 권의 참고문헌 목록에는 주석과 함께 연구에 도움이 될 만한 방법을 제시함으로써 오늘날까지 유럽사를 형성한 중요한 사건과 과정을 탐구하려는 이에게 이상적인 출발점을 제공한다.

이 총서는 대개 교과서에 실릴 때까지 수년간 검증을 거쳐야 할 새로운 역사적 접근법을 학생에게 소개한다. 우리는 이 총서에서 역사의 날카로운 절단면을 제시해 여느 과학자처럼 역사가도 역사의 지평을 넓히면서 흥분한다는 사실을 보여주고 싶었다. 더욱이 역사가들이 현재 어떤 작업을 하는지 널리 알리고, 학생은 물론 역사와 인접 분야 학자들도 그 작업에 접근하게 하는 역할을 하기 바랐다.

— 존 브리우일리John Breuilly,

줄리언 잭슨Julian Jackson, 피터 윌슨Peter H. Wilson

제2판에 부치는 저자 서문

이 책의 초판은 10여 년 전에 나왔는데, 바스티유 정복(1789년)에서부터 나폴레옹 보나파르트 Napoléon Bonaparte가 정권을 잡을 때(1799년)까지도 비슷한 시간이 걸렸다. 10년은 정치와 마찬가지로 역사에서도 긴 세월이며, 그동안 공포정을 바라보는 방식도 계속 바뀌었다. 그래서 나는 초판이 나온 뒤에 발간된 저작을 참고해서 책 내용을 새롭게 고쳤다. 이 과정에서 혁명 초기의 분석을 두 장에서 한 장으로 줄이는 대신 공포정에 대한 새로운 자료를 추가했다. 새로 한 장을 마련해서 사회·문화 정책을 자세히 다루었다. 이는 공포정 시기에 수백 명씩 처형하면서 사회를 다시 태어나게 만들려는 방식에 대한 수많은 견해를 공평하게 살피려는 뜻이었다.

— 휴 고프

일러두기

• 이 책은 영국 팔그레이브 맥밀란Palgrave Macmillan 출판사의 '유럽사 연구' 총서 중 한
  권으로, 초판은 1998년에 나왔으며 한국어 번역본은 2010년에 출간된 2판을 저본으로
  삼았다.

• 본문 중 문장 끝에 ▶가 달린 부분은 원주 겸 참고문헌의 번호를 가리킨다.

• 옮긴이의 간단한 부연설명은 문장 중간에 대괄호([ ])로 덧붙이고 좀더 구체적인 내용
  은 본문 하단에 각주 형식으로 추가했다.

• 이 번역본에 실린 모든 도판은 원서에는 없는 것으로 프랑스국립도서관BNF이 소장한
  작품들이며 저작권이 없다.

1

역사가와
공포정

평소 우리는 프랑스 혁명이 유럽의 구체제와 근대 세계를 가르는 역사적 경계선이라고 생각한다. 혁명은 사회적 서열과 특권의 전통질서를 타파하고 자유와 평등의 근대 원리 위에 새 질서를 세웠다. 17세기 후반에 루이 14세가 완성한 절대군주제의 구조를 쓸어버리고 선거제 의회제도를 세웠다. 변화의 규모가 아주 크고, 그 과정은 길고 폭력으로 얼룩졌으며, 결국 1799년 나폴레옹 보나파르트가 집권하는 군사정변으로 끝났다. 그러나 일단 혁명이 일어난 뒤 프랑스는 물론 세계가 완전히 달라졌다. 초기에는 프랑스에만 영향을 미쳤지만 1792년에 혁명전쟁이 일어나면서 충격파가 유럽으로 퍼졌고, 나폴레옹 보나파르트가 워털루에서 질 때까지 20년 이상 지속되었기 때문이다.

나폴레옹이 수평선 너머 세인트헬레나 섬에 유배될 때까지 유럽인들은 혁명을 겪으면서 살았고, 세계사의 새로운 의제가 마련되었다. 성문헌법과·의회정부가 정치생활의 중심이 되었다. 사회주의·민족주의·급진주의·보수주의가 미래를 설계할 이념으로 떠올랐고, '혁명'이라는 낱말이 새로운 뜻을 얻었다.

1789년 전까지 '혁명'은 물리적 세계의 (사건 또는 사물이 원상태로 '되돌아가는revolving') 순환운동이나 격렬한 혼란과 반란을 묘사할 때 쓰는 말이었다. 1789년에 세 번째 뜻이 생겼다. 그것은 순환운동이나 반란을 묘사하는 말이 아니라 국가 차원에서 사회와 정치의 구조를 변화시키는 사건을 뜻하게 되었다.▶49 더욱이 1789년에는 '혁명'의 새로운 뜻만 아니라 정치적 공포political terror의 개념도 새로 나타났다.

근대 공포정의 출현

〔폭력의〕 '공포terror', '폭력주의terrorism'〔테러리즘〕, '테러리스트terrorist'〔폭력주의자〕는 프랑스 혁명 이전부터 존재했다. 폭력주의자 활동도 마찬가지다.▶3, ▶13 1세기에 팔레스티나 지방의 〔민족주의인〕 열심당원Zealots 중에 단검sica으로 무장한 '시카리Sicarii'는 로마 관원들을 살해하면서 저항했다. 11~12세기에 종교적 비밀단체인 아사신Assassins은 페르시아 제국의 이슬람 지도자들을 공격하고 살해했다. 12세기에 유럽의 신학자 요한 솔즈베리John of Salisbury(1115/1120?-1180)는 폭군살해tyrannicide가 인민을 해방시켜 '하느님을 섬기게' 해주기 때문에 정당한 행위라고 옹호했다. 16세기 종교개혁 시기에도 가톨릭교도와 개신교도가 비

숫한 논리를 이용해서 '이단heretical'[1] 지도자들을 살해하는 행위는 정당하다고 주장했다. 1657년에 영국인 에드워드 색스비 Edward Saxby는 시사 논문 「살인 아닌 죽이기Killing No Murder」에서 올리버 크롬웰Oliver Cromwell을 암살하라고 촉구했다.[2] 국가도 반대자들을 탄압할 때 공포를 이용했다. 근대 초 강력한 절대주의 체제가 성장하면서 국가 폭력을 이용해 사회적 복종과 종교적 순응주의를 강화했다. 조정朝廷은 신체 절단부터 공개처형까지 야만적인 형태의 벌을 내려 범죄행위를 다스렸고, 군대가 조세 반란과 종교적 혼란을 진압했다.[4]

18세기 후반 대부분의 사람은 이루 말할 수 없는 두려움이나 위협을 느낄 때 '공포'라는 말을 썼다. 혁명이 일어났을 때도 '공포'의 뜻은 똑같았다. 각양각색의 정치 집단은 자기주장을 관철시키려 할 때 상대방이 두려움이나 '공포'를 조장한다고 비난하기 일쑤였고, 물리적 폭력은 혁명기에 되풀이해서 나타나는 현상이었다. 그러나 1793년에 '공포'의 뜻이 변했고, 폭력 그 자

---

1 공식 의견이나 다수 의견과 다른 의견, 또는 다른 학설을 뜻하는 '이단'은 중세 기독교가 보편종교가 되면서 박해의 대상이 되었다.

2 이 소책자는 호국경인 올리버 크롬웰을 폭군으로 규정하고 "1. 폭군이란 무엇인가? 2. 폭군살해는 명예로운 일인가? 3. 폭군을 살해하면 나라에 어떻게 좋은 일이 생길 것인가?"에 답하면서 폭군살해의 정당성을 설명했다.

체가 아니라 통치 방식을 묘사하는 말이 되었다. 1793년 봄부터 1794년 여름까지 구국위원회[3]가 이끄는 중앙집권 정부는 국가를 전시 체제로 만들었고, 정치 사건을 전담할 법원을 세워 반란이나 정치적 반대자를 수천 명씩 가두고 처형했다. 1794년 여름에는 파리에서만 하루 30명 이상을 처형하고, 프랑스 전역에서 50만 명 이상을 감옥에 가두었다. 공포정 시기를 통틀어 1만 6,000명 이상이 단두대에 올랐고, 2만 명 정도가 감옥에서 죽었으며, 20만 명 이상이 프랑스 서부 방데의 내전에서 죽었다.[131]

20세기 전쟁과 독재정치의 희생자들에 비하면 이 수치는 보잘것없게 보인다. 공포정 시기를 통틀어 처형된 수보다 1916년에 솜Somme 전투 첫날 죽은 사람이 더 많았다.[4] 1930년대 러시아에서 스탈린이 자행한 숙청, 제2차 세계대전 당시 나치가 저지른 유대인 학살, 중국 마오쩌둥의 〔1958~1962년 초〕 '대약진

---

3 우리나라에서 일본의 번역어를 가져다 공안위원회라 썼지만, 위원회 설치 과정을 이해하면 구국위원회로 옮겨야 맞다. 1793년 1월에 설치한 국방위원회의 기능을 강화해 대외 전쟁에서 밀리는 나라를 구하겠다는 의지로 만든 위원회였다. 프랑스 혁명기 공포정에서 가장 중요한 역할을 한 위원회이기 때문에 이름을 올바로 알 필요가 있다. 좀 더 자세한 내용은 역자의 '프랑스 혁명사 10부작' 『공포정으로 가는 길』(제9권, 여문책, 2019)의 "시작하면서"를 참조하기 바란다.

4 1916년 7월 1일 솜 전투 첫날에 영국군만 1만 9,000명 이상 죽었다('히스토리' 채널 https://www.history.com/topics/world-war-i/battle-of-the-somme#section_2 참조).

1793년 5월 5일, 방데의 왕당파군이 반란을 일으켜 브린Vrines 다리를 공격하는 모습.

운동', 1970년대 캄보디아 폴 포트 정권의 악명 높은 '킬링 필즈'(1975~1979년 사이에 100만 이상 학살)의 희생자를 보면 프랑스 혁명기의 사망자 수는 하찮을 정도다. 그러나 단순히 수치만 가지고 전체를 설명할 수는 없다. 프랑스 혁명기 공포정의 참다운 의미는 희생자의 수보다 그 목적·유산·시기에서 찾아야 한다. 역사상 처음으로 인민주권의 이름으로, 인민의 이름으로 민주주의의 반대자를 죽이기 위해 공포정을 이용했다. 개인의 자유라는 이상을 실현하기 위한 혁명은 사회의 안녕이 인간의 생명보다 중요하다는 이유로 혁명의 반대자들을 처형했다. 훗날 20세기에 파시스트 체제와 공산주의 체제처럼 수단이 목적을 정당화했다. 이로써 혁명이 현대 의회정치의 수많은 관행을 창조했음에도 현대의 공포정을 형성한 것은 인과응보가 아니냐는 의문을 불러일으킨다.

우리는 무엇을 공포정이라 하는가? 최근에 통용되는 의미로 볼 때, '공포정'은 협박·대량 체포·처형으로 민간인을 두렵게 만들어 마음대로 통제하면서 목적을 달성하려는 체제다. 19세기와 20세기에는 너무 작거나 약한 소수 집단이 통상적 방식 대신 폭력을 동원하더라도 뜻을 이루려는 술책을 일컫는 말로 쓰이기도 했다. 이러한 사례는 프랑스 혁명기 그라쿠스 바뵈프Gracchus Babeuf가 1796년에 정변을 일으키려 할 때 처음 나타났다.[5] 그러나 그것은 19세기 후반에 무정부주의 운동과 함께 유럽사의 주요 흐름에 끼어들었고 20세기에 전 세계로 빠르게 퍼졌다. 그래서 한편에는 국가 폭력이, 다른 한편에는 국가를 향한 폭력주의가 있다. 프랑스 혁명의 공포정은 전자에 속한다. 혁명기에 군중의 폭력이 분명히 존재했고 학살과 음모의 소문도 파다했지만, 주장을 관철시키는 방식을 신중히 고려하고 조직적으로 폭력을 이용한 집단은 없었다. 그러나 국가는 권위를 강화하기 위해 계획적으로 공포에 의존했다. 다시 말해 프랑스 혁명의 공포정은 알카에다의 폭력보다 스탈린의 공포정과 더 비슷하다.[6]

현대 국가의 공포정이 프랑스 혁명기에 처음 나타났다면, 무

---

5 프랑수아 노엘 바뵈프François-Noël Babeuf(1760-1797)는 혁명 전에 봉건법 전문 공증인 사무실에서 측량사로 일하면서 부동산의 불평등을 체감하고, 점점 공산주의의 선구자가 되었다. 혁명기에 파리에서 활동하다 지방 행정관이 되어 이상을 펼쳤다. 그는 토지 공동분배와 조세 평등사상을 퍼뜨렸다. 고대 로마 개혁가 그라쿠스 형제를 존경해서 1792년에 이름을 그라쿠스 바뵈프로 바꾸었다. 로베스피에르가 몰락한 뒤, 그는 『호민관Tribun du peuple』을 발간해 로베스피에르와 자코뱅파를 공격하고, 테르미도르 반동파와도 멀어지면서 급진주의 운동에 매진하다 1795년 2월부터 10월까지 8개월간 복역하고 풀려났다. 그는 폭력으로 정권을 잡고 사회적 평등을 실현하려고 애쓰다 '평등파 음모' 사건으로 동지들과 함께 처형당했다.

6 알카에다Al Qaida(기지基地를 뜻함)는 오사마 빈 라덴이 창설한 국제 무장조직이다. 스탈린(1878-1953)은 1924년부터 소련공산당서기장이 되어 마르크스 레닌주의를 스탈린주의로 바꾸어 자기 체제를 강화하면서 반대자를 탄압했다. 노동계급의 적들을 숙청한다는 명분의 대숙청(1937~1938년)에서 100만 명 이상 가두고 그중 70만 명 이상을 죽음으로 내몰았다.

엇 때문이고 언제였던가? 그것은 본질적으로 혁명에 내재하는 것이었던가, 아니면 단기적 문제에 대응하는 실용적 차원의 해결책이었던가? 개인들의 가차 없는 활동이었던가, 아니면 조국의 생존을 확고히 지키려는 합리적 계획이었던가? 역사가들의 의견은 이러한 점에서 갈리며, 혁명기의 어느 시점에 공포정이 발생했는지에 대해서도 마찬가지다. 어떤 역사가들은 그것이 혁명과 함께 시작했고, 1789년부터 줄곧 혁명의 원동력으로 작용했다고 주장한다. 그러나 대부분의 역사가는 공포정이 세 단계로 나타났다고 주장한다. 1792년 8~9월에 군중 폭력을 바탕으로 '첫 공포정'이 나타나고, 1793년 봄에 국가적 공포정으로 발달한 뒤 1794년 여름에 '대공포정'이 되었다. 역사가들은 세 단계의 정확한 시기를 다르게 판단한다. 어떤 역사가들은 1793년 봄에 (혁명법원이나 구국위원회 같은) 공포정의 주요 제도를 설치했을 때가 맞는다고 주장하는데, 다른 역사가들은 군중이 국민공회를 압박해 공포정을 '의제議題'로 논의하라고 한 1793년 9월을 지목한다.[7] 1793년 봄에 공포정의 제도를 설치한 결과, 모두

---

7 1793년 9월 5일에 상퀼로트는 국민공회에 쳐들어가 반혁명 혐의자를 체포하고, 병사 6,000명과 포병 1,200명으로 '혁명군'을 창설하도록 강요했다. 9월 9일에 국민공회는 혁명군을 창설하고, 17일에 '반혁명 혐의자법'을 통과시켰다.

가 인지할 수 있는 처벌·두려움·협박에 바탕을 둔 정부의 체계와 운영 방식이 결정되었기 때문에 이 책에서는 9월이 아니라 봄에 공포정을 시작했다는 견해를 따른다. 그러나 지난 200년 이상 역사가들이 공포정을 혁명의 본질적 폭력, 또는 폭력에 대한 방어적 반발, 또는 이념, 또는 정치적 발전으로 보는 네 가지 주요 접근법을 차례로 검토할 때, 더욱 분명한 결론을 얻을 수 있을 것이다.

공포정은 폭력

보수주의자는 언제나 혁명에 비판적 태도를 취했다. 혁명이 봉건사회를 파괴하고, 절대군주정을 폐지했으며, 가톨릭교회의 전통적 힘을 약화시켰다는 이유다.[37] 1790년대 혁명이 전반적인 흐름을 탔을 때 일부 보수주의 논평가들은 혁명이 문명을 뒤집어엎으려는 세계적 음모거나 인류의 죄를 벌하려는 신의 섭리가 작동하는 것으로 보았다.[55] 예수회 신부 바뤼엘은 개신교도·프리메이슨·계몽사상가들이 절대군주정과 가톨릭교를 파괴하려고 꾸민 음모라고 공격했다.[8] 그러나 자크 드 메스트르는 인간이 지은 죄를 하느님이 벌하는 것이며, 절대군주정과 가톨릭교를 주축으로 신 중심의 세계를 새로 건설하면 더는 벌을 내리지 않을 것이라고 생각했다.[9] 두 사람의 설명은 분명히 핵심과 거리가 멀다. 1790년에 아일랜드 정치인 에드먼드 버크Edmund Burke가 『프랑스 혁명 고찰Reflections on the Revolution in France』에서 이들보다 좀더 설득력 있게 설명했다. 버크는 정치가들의 경험이 부족했고 계몽주의자의 합리주의에 지적 결함이 있기 때문에 혁명이 대재앙으로 나타났다고 비난했다. 그는 혁명가들이 전통과 경험이 아니라 추상적 이성을 활용해서 프랑스의 문제를 해결하려 노력했다고 주장했다.[24] 이미 존재하던 체제의 흠집을 고치면서 점진적으로 변화를 일으켜야 했음에도 새로운 체제를 건설하려고 했기 때문에 폭력으로 얼룩진 대참사를 빚었다. 그리고 4년 뒤 그는 공포정을 자기주장의 증거로 제시할 수 있었다.[41]

19세기와 20세기의 보수주의 역사가와 왕당파 역사가들은

---

8 계몽주의의 철천지원수였던 아베 오귀스탱 바뤼엘abbé Augustin Barruel(1741-1820)은 1792년 '9월 학살' 이후 영국으로 망명해서 프랑스 혁명이 계몽주의자의 음모라고 비난하는 『자코뱅주의의 역사Histoire du jacobinisme』를 썼다.

9 자크 드 메스트르는 조제프 마리 드 메스트르 백작comte de Joseph-Marie de Maistre(1753-1821)의 오기誤記다. 조제프는 1783년에 귀족이 된 부르주아 가문 출신으로서 변호사 시절에 계몽주의 철학에 공감했다. 그러나 1792년에 공화국 군대가 사부아 공국을 침략할 때 왕당파가 되어 구체제를 옹호하고 혁명을 증오했다.

버크의 주장을 옹호했다.[▶9, ▶31] 그러나 그들은 지적 조류를 거슬러 헤엄쳤기 때문에 오랫동안 별로 주목받지 못했다. 대부분의 유럽 국가들은 19세기에 의회정치와 민주주의를 채택했고, 프랑스는 1870년대 중반 민주공화국이 되어 그 길을 이끌었다. 혁명은 정치적 근대화 과정을 시작해 유럽 대륙을 휩쓸었고, 1930년대와 제2차 세계대전에서 우파 지성인들이 파시즘과 히틀러에게 공감하면서 보수주의자들의 신용이 땅에 떨어져 혁명에 대한 공격도 효력을 잃었다. 그 결과, 1945년 이후의 역사가들은 보수주의적 의견을 무시했다. 1980년대에 두 가지 이유로 상황이 바뀌었다. 한편으로 중부·동부 유럽 공산주의가 붕괴함으로써 좌파 정치가 전반적으로 신용을 잃었고, 또 한편으로 1981년 사회주의자 프랑수아 미테랑François Mitterrand이 프랑스 대통령에 당선될 때 극우파가 강력히 반발했다. 미테랑은 1989년에 프랑스 혁명 200주년 기념행사를 열기로 결정했는데, 이것이 마치 황소 앞에서 붉은 천을 흔드는 행위처럼 우파를 자극하고 흥분시켰다. 우파는 점점 붕괴하고 있는 20세기 전체주의 체제의 청사진을 마련해준 것이 공포정이었다고 주장했다.[▶35] 〔라틴아메리카 역사, 프랑스의 종교사·사회사로〕 저명한 프랑스 역사가 피에르 쇼뉘Pierre Chaunu〔1923-2009〕는 공포정을 "1792년부터 오늘날까지, 방데의 가톨릭교도 학살부터 소련의 굴락gulag〔강제노동 수용소〕을 거쳐 중국의 문화혁명과 캄보디아의 크메르 루즈의 학살까지 같은 계열의 피비린내 나는 사건들의 효시"에 해당한다고 비난했다.[130] 쇼뉘의 지지자는 프랑스에도 있었지만 그의 주장을 가장 열렬히 승인한 역사가는 1989년에 『시민들Citizens』이라는 대작을 발간한 영국의 사이먼 샤마Simon Schama였다. 그는 이 책에서 혁명은 공포정을 품고 있는 집단 폭력 행위라고 규탄했다. 그는 "침울하지만 피할 수 없는 의미로 폭력은 혁명 그 자체였다"고 주장했다.[14] 그가 보기에 혁명은 시작부터 물리적 폭력으로 얼룩져 결국 대량 공포로 발전한 결점을 안고 있으며, 20세기 독재정의 본보기를 제공했다. 『시민들』은 그 일이 어떻게 일어났는지 매혹적으로 평가한다.

공포정은 상황의 산물

그러나 혁명은 공포와 파괴의 장기적 모험담이었던가? 좌파 역사가들은 언제나 그것을 부인했으며 혁명을 현대 민주주의의 시작이라고 보는 관점을 옹호했다. 그들은 공포정을 혁명의 일부로 보지 않고, 공화국을 완전히 패퇴시키겠다고 위협하는 적들에 맞서 전략적으로 공화국을 수호한 행위로 보았다. 좌파는 이러한 맥락을 따르면서도 대체로 세 집단으로 나뉘어 공포정이 무엇 때문에 발생했는지 조금씩 다르게 본다. 1815년에 부르봉 가문의 왕정복고 이후에도 의회제도를 유지하려고 투쟁한 19세기 초의 프랑스 자유주의자들은 혁명이 1789년에 부르주아 계층(또는 중류계급)에게 권력을 주었으며 의회정부를 창설했다고 주장했다.[40] 혁명가들은 내란과 대외 전쟁으로 지위가 흔들릴 때 공포정을 이용했지만, 위협을 물리쳤을 때 공포정을 포기했다. 1870년대 제3공화국을 세운 민주주의자들은 혁명이 1792년에 공화적 민주주의의 사례를 처음 제시했다고 주장했다. 혁명기 행진곡인 〈라 마르세예즈〉는 1879년에 프랑스 국가國歌가 되었다. 이듬해에 바스티유 정복일[7월 4일]은 국경일이 되었고, 혁명사는 당당히 교육과정에 들어갔다. 공화적 민주주의자들도 공포정을 전쟁의 '상황'에 대응하고 민주주의를 지키는 행위로 보았다.[2,27,28] 한편 20세기 초반에 활동한 사회주의 역사가와 마르크스주의 역사가들은 제3공화국의 '부르주아적' 성격을 무시하고, 프롤레타리아 혁명이 조만간 계급 없는 사회와 사회주의의 시대를 열 것이라고 믿었다. 그러나 그들은 혁명이 봉건주의를 무너뜨리고 자본주의가 성장하게 용기를 북돋워준 방향으로 역사를 이끌었다고 보았다.[33] 그들은 공포정이 당시 상황 때문에 어쩔 수 없이 선택한 방어책이었다고 동의했을 뿐 아니라 1793~1794년의 공포정 정책은 장래 사회주의의 씨앗을 품고 있었다고 주장했다. 자유주의·민주주의·사회주의의 세 갈래의 공화주의자들은 공포정을 '상황'의 산물이라고 옹호했다. 정치가들은 반혁명과 전쟁의 압박을 받아 공포정으로 나아갈 수밖에 없었고, 그 압박이 풀린 뒤에 공포정이 사라졌다는 것이다.[32]

수정주의

20세기 내내 '상황론'은 가장 폭넓게 인정받은 설명이었고 중·고등 교과서와 대학교 강의실을 지배했다. 그러나 1970년대부터 '수정주의' 역사가들의 공격을 받기 시작했다. 수정주의는 정치와 지적 풍토에서 뿌리를 뻗었다. 1970년대에는 소련 공산주의가 쇠퇴했기 때문에 프랑스 역사가들은 마르크스주의의 영향에서 점점 벗어났다. 지적 세계에서도 사회사와 정치사보다는 이념과 집단정신자세mentalités를 연구하는 쪽으로 방향을 바꾸었다. 그 결과, '상황론'을 이용하고 주로 혁명의 사회사·정치사 중심으로 연구하던 전통적인 좌파 접근법도 신빙성을 잃게 되었다.[23], [26] 한때 좌파로 정치생활을 시작했다가 자유주의 중도파로 옮긴 역사가 프랑수아 퓌레François Furet가 1978년에 공포정은 위험에 대처하기 위한 방어적 반사작용이 아니라 혁명의 이념에 깊이 새겨졌으며 20세기 공산주의의 실천을 조장한 태도였다고 주장하는 책을 발간해 '상황론'의 대안을 제시했다.[29] 퓌레의 주장은 '수정주의'로 알려졌고, 1980년대 영국과 미국의 노먼 햄슨과 키스 마이클 베이커 같은 선도적 역사가들의 지지를 받았다. 이들은 퓌레의 주장을 혁명 초기의 정치사 영역으로 확장했다.[20], [21], [61]

수정주의 주장의 중심에는 18세기 프랑스의 정치문화와 제네바 출신의 계몽사상가 장 자크 루소의 영향이라는 두 가지 주제가 있다.[34] 퓌레는 루이 14세가 중앙집권 체제를 구축한 이후 공개적 정치 토론을 의도적으로 탄압했다고 주장했다. 귀족과 부유한 부르주아 사회지도층은 독서회, 문학 아카데미, 프리메이슨 집회 같은 사적 모임에서 만나 정치 주제를 토론했다. 이처럼 흔치 않은 풍토에서 그들은 권력의 경험이 부족했기 때문에 정치를 추상적으로 토론했고, 이성만이 국가의 당면 문제를 해결해줄 수 있다고 믿었다. 그들은 행정경험이 없었기 때문에 인간을 마치 기하학적 대상처럼 대하는 추상적 관념에 끌렸다. 그런 점에서 퓌레의 주장은 버크의 주장과 매우 가깝지만, 퓌레는 한 걸음 더 나아가 루소의 영향을 강조했다. 루소는 1762년의 『사회계약론Social Contract』부터 1782년의 『고백Confessions』에 이르는 저작에서 '문명'사회를 부패했다고 비난했고, 원시사회의 덕성을 회복하라고 촉구했다. 사회적·도덕적으로 재생해야 그가 믿었던 초기 상태로 되돌아갈 수 있다는 것이다.[25] 루소는 인민주권을 바탕으로 정부를 수립하고, 공동체의 '일반의지'가 모든 결정을 통제하는 직접민주주의를 시행한다면 가능하다고 보았다.[10] 루소는 모든 구성원이 중요한 결정에 일일이 참여할 때 '일반의지'가 자연스럽게 나타난다고 보았기 때문에, 그는 직접민주주의가 작은 국가에만 적합하다는 사실을 인정했고, 의회민주주의를 이상사회의 제도로 인정하지 않았다.[▶29, ▶72]

루소의 사상과 살롱의 추상적 합리주의가 결합해서 생긴 이념은 1789년에 무너진 왕권의 빈자리를 메웠다. 그 결과, 국민의 대표들은 기존의 제도를 개혁하는 대신 완전히 새로운 체제로 바꾸는 방법을 선택했다.[▶171] 그 과정에서 그들은 프랑스 인민의 '일반의지'를 대표한다고 자처하고, 자기네 활동에 반대하는 행위는 반혁명 음모라고 비난했다. 상대방 의견에 동의하지 않으면서도 정당한 견해라고 인정해줄 수 있는 진정한 정치적 다원주의는 불가능하게 되었고, 개혁을 비판하는 사람들은 곧 반역자로 분류되었다. 그 결과, 혁명가들이 모든 구석에 음모가

---

10 루소는 개인이 자기 행복을 추구하는 개별의지volonté particulière, 사회구성원 전체의 의지를 모두 합친 전체의지volonté de tous, 사회구성원 전체의 행복을 위한 일반의지volonté générale를 구별했다. 전체의지와 일반의지가 일치하는 경우도 있겠지만, 전체의지가 이기주의의 총합일 때도 일반의지는 덕을 갖춘 의지이기 때문에 항상 정당하다. 그래서 1789년의 「인간과 시민의 권리선언」에도 "법은 일반의지의 표현"이라고 명시했다. 그런데 과연 '일반의지'를 어떻게 확인할 수 있을까? 그리고 민주주의에서 다수파가 언제나 정의로운가, 그리고 그들의 의지가 '일반의지'일까? 루소도 직접민주주의는 큰 나라보다 작은 나라에 적합하다고 생각했지만, 세 사람이 가위바위보로 의사결정을 하는 수준의 크기가 아니라면 과연 한 나라의 '일반의지'를 어떻게 발견하고 실천할 것인가?

도사리고 있다고 보고 자신들을 비판하는 사람들을 폭력으로 겁박하고 제거하려고 했을 때, 혁명 초기의 자유주의는 공포 심리에 오염되었다.[30], [126]

루소의 사상은 다른 방향에서도 혁명을 불안하게 만들었다. 그는 가장 순수한 형태의 정치로 직접민주주의를 옹호했지만, 국민의회는 정기적인 선거로 국회의원을 뽑는 의회민주주의 제도를 수립했다. 그 결과, 인민주권을 곧이곧대로 받아들이던 급진주의자들은 곧 루소의 사상을 이용해서 이 제도가 인민주권을 부인한다고 비판하고, 정치적 위기가 닥칠 때 실력행사를 해야 한다고 주장했다. 그렇게 해서 급진적 민주주의자와 가난한 사람들이 힘을 합친 결과 이따금 민중 폭력 사건이 터졌고, 1793~1794년의 공포정으로 가는 길을 열었다. 루소가 사회적·도덕적 갱생의 필요성을 강조한 것도 역시 불안의 요인이었다. 그것은 정치적 행동이 사람들의 품행을 하룻밤 사이에 변화시킬 수 있다는 믿음을 고취했기 때문이다. 그것은 지나친 낙관론이 분명했다. 사회와 도덕을 완전히 갱생하지 못했을 때 급진주의자들은 실패의 원인이 음모 때문이라고 비난했으며, 음모와 싸워 이기려면 공포정을 이용해야 한다고 주장했다. 그 결과, 오랫동안 잠복했던 정치적 불안이 결국 1793~1794년의 공포정으로 나타났다. 퓌레는 이것을 1789년 여름에 시작해서 1794년 막시밀리엥 로베스피에르Maximilien Robespierre[1758-1794]가 죽을 때까지 지속한 '혁명 이념의 필수 요소'로 보았다.

후기 수정주의

수정주의는 1980년대의 새로운 정설이 되었다. '상황론'은 지극히 단순하고 시대에 뒤떨어진 웃음거리가 되었으며, 대서양 양쪽의 역사가들은 공포정이 초기부터 혁명의 한 부분이었다는 퓌레의 주장에 동조했다. 그 주장은 이치에 맞는 면도 있었다. 예를 들어, 1790년대에 프랑스의 전쟁은 공포정을 불러왔지만, 제1차 세계대전이나 다른 전쟁은 왜 공포정을 불러오지 않았는지 설명하기 어려웠다. 1794년 여름, 전쟁에서 패배할 위험이 사라진 뒤 공포정은 오히려 더욱 피로 얼룩진 이유도 설명하기가 항상 어려웠다. 그러나 1990년대에 나온 새로운 연구의 영향 때문에 수정주의의 광택은 바래기 시작했다. 미국 역사가 이서 울럭 Isser Woloch은 공포정이 정치적 근대화를 고양시키고 새로운 정치문화를 창조한 점에서 중요하다고 지적하면서 새로운 길을 열었다. 그는 폭력이나 파괴를 그럴싸하게 얼버무리지 않으면서도 공포정이 폭력만 저지르지는 않았으며, 오히려 정치의식을 성장시키고 교육과 사회복지 영역을 혁신할 분위기를 조성했다고 주장했다.[44], [210] 울럭은 공포정이 죽음과 폭력의 문제로만 볼 수 없는 것이었고, 정치적 발전과 사회적 근대화의 문제이기도 했다고 주장했다. 파트리스 이고네Patrice Higonnet는 혁명기 지배적 정치 클럽인 자코뱅 클럽의 연구에서 비슷한 사례를 보여주었다. 이고네는 자코뱅주의가 불관용 정신을 품었다고 공공연히 인정했지만 자코뱅 클럽과 회원들은 지속적으로 개인의 자유·재산권·사회정의를 옹호했다고 주장했다. 그는 전적으로 폭력에 집중한 수정주의 역사가들은 공포정이 긍정적인 면을 가졌고, 거기에 포함된 수많은 요소가 민주주의 발전에 근본적으로 이바지했다는 사실을 보지 못했다고 주장했다. ▶142 / 11

울릭과 이고네는 공포정을 근대 사회민주주의가 나타나기 시작한 시기라고 묘사했고, 장 피에르 그로스Jean-Pierre Gross는 공포정 시기에 지방으로 파견된 자코뱅파 의원, 이른바 '파견의원'의 활동을 연구해서 이들의 주장을 뒷받침했다. 그로스는 수정주의자들이 공포정 시기에 내란이 일어난 지방에만 초점을 맞추었기 때문에 공포정이 내포한 것을 왜곡했다고 주장했다. 프랑스 전 지역에서 4분의 3 이상이 내란을 겪지 않았고, 파견의원들은 대부분 법적 평등·교육 확산·사회정의 사상을 마음 깊이 받

---

11 실은 참고문헌 143 항목의 오류다. 저자는 제1판의 도서목록과 제2판의 도서목록을 가끔 혼동한다. 앞으로는 본문에서 직접 바로잡겠다.

아들인 실용주의자로서 임무를 수행했다. 그들은 지지자들에게 깊은 인상을 심어주고 반대자들을 위협하기 위해 격하게 말했지만 대개 수사법에 그쳤다. 그들은 현장에서 실제로 재산권을 존중했고, 누진세·학교 설립·식량 공급·복지 정책을 개혁의 목표로 삼았다. 다시 말해 자코뱅주의는 단두대를 생각나게 하지만, 건설적인 사회개혁에 대해서도 많은 얘깃거리를 제공했다. 최근 미셸 비아르Michel Biard는 모든 파견의원의 활동을 자세히 연구해서 그로스의 결론을 보강했다.[132, 94]

공포정의 발단에 초점을 맞추어 수정주의를 공격하는 사람도 있었다. 수정주의자들은 1789년과 1790년 사이 혁명의 첫해가 공포정의 기초를 확립한 결정적 시기였다고 주장했지만, 1995년에 티모시 타케트Timothy Tackett는 그해 국민의회가 이룩한 업적에 대해 기존의 지식을 뒤흔드는 연구를 내놓았다.[81, 84] 타케트는 혁명은 처음부터 과격했고 폭력 지향적이었다는 퓌레의 의견을 부인했다. 그 대신 그는 의원들이 처음에는 온건한 태도를 유지하면서 귀족과 힘을 합쳐 나라를 개혁하려고 노력했지만 귀족이 양보하지 않았기 때문에 급진주의로 나아갈 수밖에 없었다고 주장했다. 1789년의 사건들은 [퓌레가 주장했던 것만큼] 이념에 좌우되지 않았다. 실제로 타케트는 루소의 영향도 비교적 가벼웠다고 주장했다. 그보다는 우파도 좌파만큼 '급진적'이었고 타협을 몰랐기 때문에 정치적 과정의 영향을 더 많이 받았다.

1789년의 군중 폭동에 대한 연구는 협상으로 해결책을 마련하는 시도가 실패했을 때 폭력이 발생했다는 사실을 밝히면서 타케트의 방법론을 뒷받침했다. 다시 말해 군중은 위기가 더 심해지기 전에는 국회의원들처럼 온건한 요구만 했다.[45] 그러나 공포정이 1789년의 혁명에 고유한 요소가 아니었다면 도대체 어디서 왔단 말인가? 타케트는 1789년 이후 정치 상황의 변화에 답이 있다고 암시했다. 그 과정은 개혁가의 이상과 반혁명주의자의 이상 사이에 깊은 골이 있음을 보여주고, 음모론이 생기도록 부추겼다. 반대편이 폭력의 음모를 꾸민다는 믿음이 더욱 깊어지고, 그 결과 정치 불신 풍조가 생겼으며, 그 풍조는 1791년 여름에 왕이 파리에서 '바렌으로 도주flight to Varennes'한 사건으로 정점에 달했다.[83, 85] 바렌 사건은 혁명가들에게 충격이었고, 루이 16세가 대대적인 반혁명 음모의 중심에 있다는 확신을 심어주었다. 그 후 그들은 모든 문제가 음모의 결과라는 신념으로 정치를 했고, 혁명의 소용돌이를 바닥으로 몰아가 결국 공포정으로 나아가게 했다.[86]

타케트는 공포정의 수정주의 설명을 거부했지만 단순히 옛날식 '상황론'으로 돌아가자고 주장하지는 않았다. 그 대신 그는 혁명기 나날의 정치를 자세히 들여다보고, 그 당시 발생한 위기에 공포정으로 대응하게 된 방식을 살피라고 제안했다. 최근 프랑스 역사가 두 명이 이런 방식의 연구를 내놓았다. 소피 바니슈

틸르리 궁에서 도주한 루이 16세가 바렌 주민들에게 붙잡히다.

Sophie Wahnich는 혁명기에 이른바 '상퀼로트Sans Culottes'인 파리 소상인과 숙련노동자들의 역할에 초점을 맞추었다. 바니슈는 초기에 그들은 혁명을 환영했지만 정치가들이 반혁명의 위협과 제대로 싸우지 못하는 것을 보고 점점 좌절했다고 주장한다. 그 결과 그들은 정치 클럽과 거리시위에 적극적으로 나섰고, 결국 정치가들에게 과격한 행동을 촉구하려고 폭력을 휘둘렀다. 그들은 '아래로부터의 공포'를 조장해 결국 혁명법원과 구국위원회 같은 제도를 통한 '위로부터의 공포'를 확립하게 만들었다. 이러한 제도는 민중의 폭력을 합법적 형태로 유도해 그 싹을 잘라버리는 목적을 가졌다. 다시 말해 민중 폭력의 정치적 대응책이 바로 공포정이었다.[197] 장 클레망 마르탱Jean-Clément Martin은 폭력과 혁명의 관계를 비슷한 방식으로 연구한다. 그는 폭력이 18세기에 흔히, 그러나 여러 가지 형식으로 발생했다는 사실에 주목한다. 정치적 폭력은 그중 하나였으며, 마르탱은 그것이 혁명기에는 구체제의 국가 폭력의 전통뿐 아니라 식량 폭동, 복수 행위, 내란, 말다툼, 개인적 야망, 지역 간 복수라는 다양한 사회적·사적 폭력의 전통에 영향을 받아 발전했음을 보여준다. 따라서 정치가들은 폭력에 대응하기 위해서 국가가 합법적 기구를 설치해 거리에서 벌어지던 처벌과 복수에서 벗어나게 만들었다.[165]

분명히 역사가들은 공포정이 발생한 이유에 합의하지 못했다. 보수주의자는 그것을 혁명의 한 요소로, 수정주의자는 긍정적으로 발전할 가능성을 놓쳐 결점으로 나타난 것으로, 상황론자는 반혁명 대응책으로, 후기 상황론자는 음모론과 밀접히 연관된 혁명기 정치의 발전으로 본다. 그러나 사람들이 동의하지 않는다고 해서 네 가지 견해가 모두 똑같은 타당성을 가졌다는 뜻은 아니다. 보수주의 설명은 모든 사건을 1793~1794년부터 1789년의 시점으로 거꾸로 읽고, 혁명을 싫어하는 마음에서 반혁명도 공포정의 조건을 조성하는 데 한몫했음을 완전히 무시했다. 상황론은 혁명가들이 스스로 문제를 만들어냈다는 사실을 제대로 평가하지 않았고, 수정주의자는 반혁명과 정치적 사건의 영향을 무시하면서 이념의 역할에 너무 가중치를 주었다.

지난 몇 년 동안 대다수 역사가는 후기 수정주의 방법론으로 눈길을 돌렸다. 최근에 수정주의 역사가는 여전히 퓌레의 주장을 많이 이용하고 혁명을 노골적으로 미워하는 태도를 보여주긴 해도 이념만이 공포정의 원인이 아니라는 점을 인정했다.▶133 그 대신 그는 사건이 공포정의 원인이며 정치가들은 이념을 활용해서 자기 행동을 정당화했다고 주장한다. 따라서 그다음의 서술은 대체로 공포정의 문제를 1793~1794년의 사건만 따로 떼어서 이해해서는 안 된다는 후기 수정주의의 방법론과 믿음을 담았다. 그러므로 제2장에서는 1789년 혁명이 어떻게 난관을 겪고 1793년 봄에 진짜 공포정을 낳은 위기를 가져올 것인지 분석하려 한다.

2

공포정의 서막?
1789년
혁명부터
1793년
공화국까지

1788년 가을 루이 16세는 프랑스 재정 파탄을 막으려고 전국신분회를 소집했다. 국회의 옛날 형태인 전국신분회는 루이 14세 치세(1643~1715년)에 왕권을 중앙집권화하고 더욱 강화했기 때문에 1614년 이래 한 번도 모이지 않았다.[1] 그러나 1789년 5월에 전국신분회 대표들이 모였을 때 혁명을 성취했다. 제3신분의 대표로 뽑힌 사람들은 귀족이나 종교인을 제외한 프랑스 남성을 대표하고, 제1신분(종교인)과 제2신분(귀족)이 따로 모여 '신분별' 회의를 통해 의사결정을 하는 구체제 계서제 사회의 투표제를 단호히 거부했다.[77] 그 대신 그들은 두 신분에게 함께 모여 회의하고 투표하자고 6주 동안이나

---

1 1302년에 필리프 4세Philippe IV le Bel(1268-1314)는 왕권을 강화하기 위해 교황 보니파시오 8세Boniface VIII(1235-1303)와 싸우면서 파리에 종교인·귀족·부르주아의 세 신분 대표들을 소집해 물심양면의 지지를 받았다. 이것이 전국신분회의 첫 사례였다. 그 후 왕은 재정적 지원을 받을 필요가 있을 때 신분회를 소집했지만, 1614년 이후에는 한 번도 소집하지 않았다. 그런 만큼 175년 만에 소집한 전국신분회는 혁명의 중요한 동인이었다.

설득하다가 마침내 스스로 '국민의회'라고 선언하고 나머지 두 신분 대표들에게 자신들이 내건 조건에 참여하라고 촉구했다. 왕은 그 행위를 비난했지만 제3신분 대표들은 한걸음도 물러나지 않았다. 그래서 왕은 파리와 베르사유에 군대를 불러 모았다. 필시 국회를 무력으로 해산하고 왕령으로 재정개혁을 강요하려는 의도가 분명했다. 파리 주민들은 병력이 이동한다는 소문을 듣고 두려운 나머지 폭력을 행사하고, 7월 14일에 파리 중심의 바스티유 왕립요새를 공격했다. 그들이 바스티유를 정복하자 왕은 한걸음 물러나 국회의 권위를 인정할 수밖에 없었다.[54, 79]

그 후 2년 동안 국회는 전통을 타파하는 개혁을 단행해서 자유주의 형식의 입헌군주정을 채택했다. 선거로 입법의회를 구성해 입법의 전권을 주었고, 왕에게는 대신들을 지명하고 법률을 이행하는 역할만 허용했다. 그리고 봉건주의·귀족 작위·조세 특권을 말끔히 폐지하고, 상업과 산업의 규제를 풀었으며, 모든 시민의 법적 평등을 선언했다. 또 군주정의 행정 체계를 폐지해 전통적 〔행정 단위인〕 프로뱅스provinces를 83개 도道로 재편하고, 도를 디스트릭트와 자치도시로 나누었다. 새 체제를 구성하는 도·디스트릭트·자치도시는 선출직 회의체로 운영하며, 어느 정도 중앙통제에서 벗어나도록 독립성을 허용했다. 사법제도에 배심원제·선출직 판사·새 법원을 도입하고 민형사 법전을 개정했다.[5, 48, 49] 검열제도가 무너졌으며, 자극적인 시사 논평과 신문이 급속히 늘어나고 정치 클럽의 번성하는 그물조직flourishing network이 확대되었다.[▶58, ▶64] 개신교도와 유대교도에게 종교적 관용을 베풀어 민권과 정치적 권리를 완전히 인정해주고, 가톨릭교회의 지위를 낮추었다. 교회 재산을 압류해서 나랏빚을 갚고, 명상·수도생활을 하는 종교단체를 폐쇄하고, 1790년 7월에 '성직자 시민헌법'을 제정해서 교회의 구조를 바꾸었다. 기존의 [135개] 주교구를 모두 폐지하는 대신 새로운 행정 단위인 [83개] 도마다 주교구를 하나씩 두었다. 소교구의 경계를 재조정하고 각지의 선거인 회의에서 주교와 사제를 뽑았다.[▶47, ▶82]

프랑스는 이처럼 개혁을 단행하고 유럽에서 가장 민주적인 국가가 되었다. 의회정치의 가장 눈부신 전통을 가진 영국조차 프랑스의 민주주의를 따라잡지 못했다. 그러나 새로운 민주주의는 한계가 있었다. 재산이 없는 남성에게는 정치적 권리가 없었고 여성도 마찬가지였다. 그들은 정치 활동에 적합하지 않다고 여겼기 때문이다. 그렇게 해서 400만 명 남짓한 성인 남성만 투표할 수 있었고, 정치 문제를 자유롭게 의논하고 토론했다. 이것은 수세기의 절대주의 왕정 시대를 완전히 뒤엎은 격이었고, 유럽의 다른 나라 사람들이 보기에 프랑스는 자유와 평등의 새 시대를 열고 있었다. 그러나 1791년 9월에 헌법이 발효한 지 1년도 지나지 않아 대외 전쟁에 휩쓸리게 되었고, 헌법은 붕괴했다. 1793년 봄에 왕을 처형하고, 내란이 일어나 자유의 꿈은 권력을 집중한 독재 체제와 체계적 공포정의 악몽으로 바뀌었다. 왜? 그러한 변화의 원인은 공포정의 원인이기도 하다. 1789년부터 1793년까지의 사건을 설명한 저술은 많으니 여기서 일일이 나열할 이유는 없겠지만, 이 장에서는 프랑스를 변화의 낙관론에서 공포정까지 몰아간 과정의 핵심에 초점을 맞추려 한다.

귀족, 교회, 반혁명

1789년의 빛을 바래게 만든 첫 번째 요인은 정치적 갈등이었다. 1789년부터 1791년까지 수행한 개혁이 급진적이었기 때문에 보수주의자들은 화가 났다. 1789년 가을에 국회에서 주로 귀족과 고위 성직자뿐 아니라 제3신분의 소수 의원도 반대했다. 그들은 변화의 속도와 범위에 초점을 맞추었고, 그 결과 〔양원제 군주정주의자인〕 '모나르시엥monarchiens'[2]과 〔모든 개혁에 반대하는〕 '사악한 자들noirs'이 생겼다.[3] '모나르시엥'은 영국식 의회제도

---

2 그르노블의 제3신분 의원 장 조제프 무니에Jean-Josephe Mounier(1758-1806)는 영국식 양원제와 왕의 절대적 거부권을 옹호했다. 그를 중심으로 생긴 파벌을 '모나르시엥'이라 한다.

를 찬양하는 입헌군주정주의자였다. 그들은 의회 중심의 군주정을 환영했지만 왕에게 법률의 절대거부권을 주고, 입법부에는 귀족 대표들의 상원을 두고, 가톨릭교회를 보호하는 제도를 원했다.[60] 그들의 오른편에는 반동파인 '사악한 자들'이 있었다. 이들은 대부분의 개혁을 완전히 거부했다. 그들은 국회를 해산하고 봉건제, 사회적 특권, 종교적 차별과 함께 전국신분회를 복구하기를 바랐다.[46] 두 집단은 자기네 클럽과 신문을 가졌고, 1789~1790년의 겨울에 거의 3분의 1 정도 의원들의 지지를 받았다.[81] 그러나 그들은 혁명을 지지하는 다수파 '애국자'의 지배를 흔들 만큼 중대한 세력이 아니었고, 1790년 여름에는 변화를 멈출 만한 힘이 없다는 사실을 다수가 인식하게 되었다. 그래서 일부는 의원직을 정식으로 내놓고 외국으로 망명하고, 여럿은 자리를 비운 채 고향으로 돌아가 저항운동을 이끌었다. 그러나 다수는 여전히 국회에 머물며 온갖 토론에 끼어들어 일부러

---

3 1789년 7월 14일부터 혁명에 반대하는 귀족들이 외국으로 망명하기 시작했고, 곧 혁명의 적들을 '망명자들émigrés', '귀족정 옹호자aristocrates', '사악한 자noir'라고 불렀다. 이 세 가지 개념은 혼용되었다. 주로 반혁명의 역사를 연구하는 장 클레망 마르탱은 '인민의 적ennemi du peuple'이라는 용어가 혁명기 법전에 나타나는 과정을 추적했다 (Jean-Clément Martin, "Définir l'ennemi en Révolution. France 1789-1799", in *Inflexions*, Armée de terre, 2015/1 N° 28, pp. 67~73).

방해하면서 정치를 마비시키려고 노력했다.[81]

우파가 개혁을 받아들이려 하지 않은 결과는 중대했다. 다수파 애국자들은 혁명의 반대자들과 의미 있는 대화가 불가능하다고 확신했기 때문이다. 그들은 반대를 반혁명의 증거로 해석하고 우파가 모든 변화를 차단하려고 음모를 꾸민다는 혐의를 씌웠다. 비판을 음모의 증거로 보는 경향은 18세기에는 드물지 않았다.[86] 유럽과 북아메리카의 대부분 지역에 널리 퍼진 현상이었고, 구체제하의 프랑스에서도 민중이 식료품 값이 폭등할 때 귀족이〔충분한 곡식을 감춰놓고 값을 올려서 서민을 굶겨 죽이려고〕 '기근 음모'를 꾸몄기 때문이라고 비난하거나, 정치인들이 반대자들의 '음모' 때문에 자신들이 실패했다고 비난하는 일이 흔했다. 통신이 늦고 전통적으로 공개적인 정치 토론이 없는 세계에서 음모론은 예상 밖의 일을 설명하는 데 그럴듯한 방법을 제공했다. 그래서 1789년과 1790년의 긴장이 높은 정치 풍토에서 '음모'는 혁명가와 반혁명가가 모두 애용하는 정치적 수사학의 중요한 요소가 되었다. 그리고 실제로 우파 집단이 왕을 파리 밖으로 빼돌리거나 정치적 혼란을 부추기려는 음모를 꾸몄기 때문에 음모론은 상당히 그럴듯하게 보였다. 실제로 그런 시도는 모두 실패했지만, 그것이 존재했다는 사실만으로도 음모를 꾸미는 아주 큰 조직이 생겼다는 믿음을 부추겼다.

망명과 종교가 정치적 불안을 더욱 부채질했다. 민중이 바스티유를 정복한 뒤 왕의 둘째 동생인 아르투아 백작은 베르사유 궁을 떠나 토리노에 있는 장인의 궁전으로 망명했다. 거기서 그는 반혁명위원회를 가동했다. 그 뒤 2년 동안 주로 귀족과 고위 성직자를 비롯한 상류층에서 수천 명이 망명해 그에게 합류했고, 1791년 여름에 그는 독일 라인란트 지방의 트리어와 마인츠의 선제후령選帝侯領에서 망명객 6,000명으로 작은 규모의 군대를 창설했다.[59] 군사적으로 적은 병력이었지만 최소한 상징적인 위협이었고, 아르투아는 유럽 지도자들이 자기와 힘을 합쳐 혁명을 막는 전쟁을 수행하기 바랐다. 그는 성공하지 못했다. 단지 러시아의 예카테리나 대제와 프로이센의 프리드리히 빌헬름 2세 같은 가장 반동적인 지도자들만이 혁명이 유럽의 안녕을 해친다고 보았다. 다른 지도자들은 프랑스가 국제적 권력경쟁에서 빠진 것을 보면서 다행으로 여겼고, 마리 앙투아네트의 오빠인 오스트리아 황제 레오폴트 2세도 아르투아를 도우려 하지 않았다. 황제는 국회가 수행하던 개혁에 어느 정도 공감했고, 마리 앙투아네트와 루이 16세는 아르투아의 활동이 자신들의 안전과 권위를 위태롭게 한다고 생각한 나머지 황제에게 아르투아와 관계를 맺지 말라고 설득했다.[51, 73]

망명자의 위협은 그대로 놔두어도 실패로 돌아가겠지만, 프랑스 내에서 특히 론 강 유역과 랑그도크 지방에서 혁명의 반대 세력 때문에 더 큰 영향을 미쳤다. 두 지방은 사회적 특권과 봉건적 권리를 잃고 깊은 원한에 사로잡힌 가난한 귀족이 대규모로 존재했다. 그러나 국회가 개신교도의 신앙을 인정하는 결정을 내렸기 때문에 종교가 반대의 주요 원인이었다. 랑그도크 지방에는 18세기의 박해에서 살아남아 1789년에 혁명을 열렬히 지지했던 소수 칼뱅파 신교도의 사회조직이 촘촘하게 남아 있었다. 그들은 종교적 관용으로 신앙의 자유를 얻는 동시에 정치에 참여할 권리를 얻었다. 그리하여 1790년 봄에 도시와 도 단위 선거를 실시했을 때 그들은 남부에서 성공했고, 가톨릭교도는 맹렬히 반발했다. 도 선거에서 개신교도가 승리한 뒤 몽토방과 님의 가톨릭교도는 5월 10일에 폭동을 일으켰고 300명이 살해당했다.[65, 74] 가톨릭 활동가들은 곧 아르투아 백작과 접촉했고, 1790년 8월에 아르데슈의 가톨릭교도 국민방위군은 대규모 반혁명 시위를 일으켰다. 론 강 유역에서 대규모 봉기를 촉발하려던 리옹의 반란계획은 12월에 발각되었다.[79]

남프랑스가 망명자 활동과 연계해서 일으킨 사건들은 애국자들에게 반혁명 음모가 날뛰고 있다는 두려움을 확실히 심어주었다. 1791년 초 몇 달 동안 가톨릭 사제와 주교들에게 '성직자 시민헌법'에 충성맹세를 시켰을 때 음모에 대한 확신을 더욱 굳혔다. 거의 모든 주교와 절반 정도의 소교구 사제가 맹세를 거부했다. 그들은 국가가 교회에 간섭한다고 보았고, 특히 교황의 승인을 받지 않은 일이라고 생각했기 때문이다. 그 결과, 종교적 분열이 생겼다. 특히 서부(방데와 브르타뉴 지방), 북동부, 알자스와 남프랑스는 성직자 시민헌법을 거부했고, 모두 공포정 시기에 저항의 중심지가 되었다.[82] 맹세를 거부한 사제는 '비선서사제'로 불렸다. 수많은 소교구에서 '선서사제'로 비선서사제의 자리를 메웠을 때 폭력 행위가 발생했다. 교구 주민들은 비선서사제와 힘을 합쳐 침입자에 대항했고, 1791년 여름에 종교적 개혁에 대한 적개심은 개혁을 강요한 혁명 전반에 대한 적개심으로 발전했다.[47]

루이 16세와 바렌 도주 사건[4]

불안을 조성한 두 번째 요소는 바로 왕의 태도였다. 루이 16세는 1789년 여름에 '절대권'을 대부분 잃고 입헌군주로 격하되었다. 수줍은 성격에 대립을 싫어하고 모든 결정을 힘겹게 내리던 그는 나중에 권력을 되찾으리라는 희망을 잃지 않은 채 단기적

---

4 '바렌 도주flight to Varennes'는 마치 바렌이 목적지였던 것 같은 오해를 불러일으키기 쉽다. 그는 충신 부이예 장군과 몽메디 요새에서 만날 계획이었으나 그곳에서 서남쪽 50킬로미터 떨어진 바렌에서 붙잡혔다.

으로 국회와 협조하기로 했다.[73] 일부 애국자 지도자들은 그 모습에 속아서 그와 접촉하려고 했다. 그들은 왕이 협조한다면 새 헌법에서 그의 역할을 강화해줄 수 있다고 제안하고자 했다. 〔파리 국민방위군 사령관이던〕 라파예트와 〔보수적 성향의 동생 미라보 자작과 달리 진보 성향의〕 미라보는 1790년 봄에 실제로 그런 제안을 했고, 1791년 봄에 중요한 역할을 한 급진파 지도자 알렉상드르 드 라메트Alexandre de Lameth, 아드리앵 뒤포르Adrien Duport, 앙투안 조제프 바르나브Antoine Joseph Barnave의 '3인방triumvirate'도 마찬가지였다. 왕은 그들을 속였고, 혁명이 곧 혼란으로 바뀔 것이라고 확신했지만, 1790년 말 즈음 혁명이 혼란으로 바뀔 시기는 멀었음이 분명해지자 파리에서 도주해 국경 근처에서 지위를 회복한 뒤에 협상하는 쪽으로 방향을 틀었다. 그는 몇 달 동안 계획을 세우고 나서 마침내 1791년 6월 20~21일 밤에 어둠을 틈타 가족과 함께 은밀히 튈르리 궁을 빠져나가 호송마차를 거느리고 동부 국경을 향했다.[85] 거기서 그는 혁명에 적대적인 군부대와 합류해 자신에게 유리한 헌법을 국회에 강요할 계획이었다. 그는 국회가 제정하는 헌법을 완전히 거부하는 이유를 설명하고 자기감정을 솔직히 담은 글을 남기고 떠났다.

'바렌 도주' 사건은 굴욕적인 실패로 끝났다. 경호대가 예정 시간을 맞추지 못했고, 왕은 작은 시골 마을 바렌에서 한밤에 붙잡혀 나흘 뒤에 무장한 사람들의 호위를 받으면서 파리로 돌아갔다.[5] 그러나 국내외에서 이미 경종이 울리기 시작했다. 오스트리아의 레오폴트 2세는 지지의 의지를 보여줘야겠다고 생각하고 다른 나라 통치자들에게 프랑스 왕이 자유롭게 행동하도록 도와주자고 촉구하기 위해 7월 6일에 파두아 회람을 돌렸다. 6주 후에 그는 프로이센의 프리드리히 빌헬름 2세와 필니츠 선언을 했다. 그들은 유럽 열강이 자신들과 합세할 준비를 갖추는 대로 프랑스에 군사행동을 하겠다고 약속했다. 이것은 순전한 허세였다. 레오폴트는 유럽 모든 나라가 전쟁에 나설 리가 없음을 잘 알았기 때문이다. 그는 그렇게 위협해서라도 국민의회가 왕을 올바로 대접하게 만들어 권력을 되찾게 해주겠다고 생각했다. 그러나 오판이었다. 국민의회는 그의 위협을 진심으로 받아들이고 의용군을 동원해서 전쟁에 대비했기 때문이다. 애국파는 오스트리아와 전쟁을 해야 하고, 오스트리아를 혁명의 적으로 악마 취급해야 하는 일을 중요한 정치 문제로 마음에 새겼다.[▶52]

국내의 국경 지방에서도 바렌 도주 사건은 충격을 주었다. 애국파 사이에 존재하던 분열을 더욱 심화했기 때문이다. 도주 소

---

5 그는 파리에서 250킬로미터를 20시간 이상 달려가 한밤중에 바렌에서 붙잡혔다. 그 날 밤 그 마을 식료품상이며 검찰관인 장 바티스트 소스Jean-Baptiste Sauce의 집에서 보낸 뒤, 6월 22일에 가던 길을 되짚어 25일 토요일에 파리에 도착했다.

식을 듣자마자 국민의회는 왕권을 정지시켰다. 그러나 대다수 의원이 그가 한 일에 몸서리쳤지만, 자신들이 거의 2년 동안 매진했던 헌법을 유지하기 원했고, 입헌군주정이야말로 프랑스에서 유일하게 실현 가능한 제도라고 필사적으로 믿었다. 그들은 공화국이라는 대안을 혼란 수습용 처방으로 보았다. 그래서 뒤포르·라메트·바르나브 3인방은 왕과 협상을 시도하고, 만일 그가 도주를 실수였다고 인정하고 입헌군주 역할을 수락한다면 헌법에서 그의 지위를 강화해주겠다고 제안했다. 그것은 왕의 생명줄이었다. 왕은 행동의 자유를 얻기 위해 엄숙히 공식 성명을 발표했고, 7월 16일에 국민의회는 헌법을 완성하는 대로 그를 복권시킨다고 의결했다.

그러나 협상은 대단한 논란거리였다. 1789년 이래 애국파 가운데 급진좌파의 소집단은 온건파 애국자들을 비판하고 있었다. 북부의 아라스 출신 변호사 막시밀리엥 로베스피에르가 이끄는 급진좌파는 헌법이 민주주의를 충분히 실현하지 못한다고 비판했다.[137] 국민의회 밖에서도 1789년 겨울에 우후죽순처럼 생긴 정치 클럽과 급진적 신문에서 비슷한 견해를 볼 수 있었다.[53, 75] 센 강 왼쪽 인쇄업자 구역에 있던 코르들리에 클럽이 가장 유명했다. 그러나 장인들과 투표권을 받지 못한 중하위 계급의 요구를 충족시키던 클럽도 있었다. 1791년 봄에 클럽과 급진적 신문들은 새 헌법에서 참정권 제한을 지속적으로 반대하는 운동을 벌였다. 오직 [노동자의 사흘치 임금만큼] 세금을 내는 사람들에게만 투표권을 주었기 때문이다. 그들은 점점 혁명에 반대하는 듯이 의심스럽게 행동하던 왕의 가족도 공격했다. 만화에서는 루이를 자기 배설물에 뒹구는 돼지로, 마리 앙투아네트를 과도한 색욕을 가진 돌연변이 하이에나나 끔찍한 암컷 공작으로 묘사했다.

민중협회가 바렌 도주 사건 이후 폭발적으로 늘었다. 코르들리에 클럽은 노골적으로 공화주의를 지지하고, 군주정을 어떻게 할지 민주적 국민투표로 결정하자고 요구했다. 7월 17일에 그들은 파리 중심의 샹드마르스 광장에서 공화국을 세우자는 청원을 받았다. 거기에 서명하려고 5만 명이 모였다. 그러나 국민의회는 이미 전날에 왕을 복권시키기로 의결하고 청원서를 받는 모임을 불법이라고 선언했다.[75] 파리 시정부는 국민방위군을 보내 군중을 해산시키면서 청원자 몇 명을 사살하고 몇십 명을 체포해 특별한 혐의도 없이 가두었다.[76] / **6** '샹드마르스 학살 사

---

6 일반적으로 '샹드마르스 총격fusillade du Champ de Mars'이라 부르고 당시 좌파는 '샹드마르스 학살massacres du Champ de Mars'이라 부른 사건이다. 파리의 초대 민선시장 바이이Bailly는 '폭동에 대한 계엄법Loi martiale contre les attroupements'을 발동하고 국민방위군 사령관 라파예트에게 청원자들을 해산시키라고 명령했다. 청원자들이 먼저 도발했다고는 하지만, 과연 그들에게 총을 쏠 일이었는지 논란거리다.

1791년 7월 17일에 일어난 샹드마르스 학살 사건.

건'이 일어난 뒤 민중운동은 잠시 일어나지 않았고, 국민의회는 헌법을 마무리할 여유를 찾았다. 그러나 장기적으로 온건한 애국자들의 헌법적 자유주의와 급진좌파의 민주화 열망 사이에 큰 틈이 생겼다.

지롱드파와 전쟁

새 헌법을 제정하고 입법의회가 1791년 10월에 모였을 때, 분명히 혁명은 온갖 문제를 노출하고 있었다. 망명객들이 위협하고, 남부에서는 반혁명가들이 사회 불안을 부추기고, 왕의 운명을 둘러싼 불확실성이 남아 있고, 애국자가 온건파와 급진파로 나뉘어 차이를 드러내고, 나라가 종교적으로 분열했다. 국제정세는 필니츠 선언에 들어 있는 전쟁 위협으로 혼미했다. 입법의회가 이러한 문제를 해결하려면 두 가지 방법에서 하나를 골라야 했다.[70] 입법의회는 좌충우돌하고 양보하면서 반혁명가들과 왕을 자기편으로 만들려고 노력하는 대신 공세를 취하고 반발에 정면으로 부딪쳐나가는 방법을 택했다. 입법의회는 대체로 '브리소파'라는 소규모 집단 의원들의 영향을 받았다. 신문을 발행해서 이름을 떨친 자크 피에르 브리소Jacques-Pierre Brissot가 대변자 노릇을 했으므로 '브리소파'라 불리던 그들 다수는 보르도가 도청 소재지인 남서부 지롱드 출신이었기 때문에 '지롱드파'로 불리기도 했다.[175], [191] 지롱드파는 파리 급진주의자들의 의견을 많이 반영했다. 그들은 왕을 불신하고, 비선서사제를 반혁명의 동맹으로, 망명자들을 진정한 위협으로, 오스트리아를 반혁명 동맹국으로 여겼다. 그들은 왕이 전쟁을 통해 혁명을 좌절시키고자 망명자들을 기꺼이 도우리라고 생각했기 때문에 망명자들을 응징하고 공세를 취해야 문제를 해결할 수 있다고 주장했다. 그리하여 11월 말 국회는 트리어와 마인츠의 선제후들에게 망명자들을 그들의 영토에서 몰아내라고 주문했고, 말을 듣지 않으면 프랑스군이 침공하겠다고 으름장을 놓았다. 두 선제후는 곧 순응했지만, 신성로마제국 황제인 레오폴트가 개입해서 오스트리아는 제국에 속한 모든 게르만 국가를 프랑스의 공격에서 보호해주겠다고 통고했다. 지롱드파는 이것을 필니츠 위협의 증거로 해석하고 레오폴트에게 1756년 〔프랑스와 오스트리아〕 동맹이 아직 유효한지 확인해달라고 촉구했다. 오스트리아측은 공격적으로 대답했다. 레오폴트는 강력한 의지를 담은 답변을 받고 입법의회가 뒤로 물러나리라고 확신했기 때문이다. 그러나 프랑스는 모욕을 당했다고 생각하고 전쟁을 준비하기 시작했다. 루이 16세는 경험 많은 장군 샤를 프랑수아 뒤무리에Charles-François Dumourier를 전쟁대신으로 임명하면서 전쟁 의지를 북돋웠다. 뒤무리에는 지롱드파 친구들과 동료들을 몇 명 동반해서 내각을 이끌었기 때문에 사람들은 지롱드 내각이라 불렀다. 그 뒤 6주가 지난 4월 20일, 프랑스는 오스트리아에 선전포고했다.[52]

지롱드파는 전쟁을 알리는 운동에서 해방전쟁이라는 주제와 전쟁이 반역자와 반혁명 분자를 프랑스에서 제거해줄 것이라는 주제를 강조했고, 그 결과 공포정에 한걸음 다가섰다. 브리소는 연설 중 전쟁을 "인류의 자유를 위한 성전"이라고 불렀다. 그로써 모든 인민은 프랑스 군대를 환영하고, 폭정 체제는 붕괴하고, 유럽은 변모할 것이라고 주장했다. 전쟁은 프랑스의 자유 원리를 바탕으로 유럽의 질서를 새로 세우는 출발점이 될 것이다. 이 같은 시각은 군주들이 충돌하고 각축하는 옛날식 전쟁이라는 개념을 자유와 혁명을 추구하는 갈등의 개념으로 승화시켰다. 그 결과, 애국심은 물론 혁명의 자부심도 급속하게 성장했다. 그리고 승리하면 인류의 미래가 밝아질 것이라는 믿음도 확고해졌다. 한편, 지롱드파는 전쟁이 국내에서 반역자를 가려내 처형할 수 있게 만들어주리라고 주장했다. 지롱드파의 마르그리트 엘리 가데Marguerite Elie Guadet(1755-1794)는 이렇게 말했다. "반역자를 모아둘 특별 장소를 지정하자, 그리고 그곳을 처형대로 만들자."[51] 현란한 말솜씨를 뽐내던 지롱드파의 말을 곧이곧대로 받아들이지 말아야 한다. 그러나 현란한 수사법을 쓴 사람은 가네만이 아니었고, 정치적 반대자를 역적으로 취급하고 처형해야 한다는 위협은 장차 공포정으로 나아가는 집단정신자세가 존재했음을 보여준다. 지롱드파는 공포정을 이용해서 반대자를 위협한 첫 사례를 보여주었을 뿐 아니라 공포정의 첫 희생자이기도 했다.

단기적으로 전쟁은 재앙이었고, 몇 주 안에 프랑스 군대는 혼비백산한 채 퇴각했다. 지롱드파는 자신들의 오판보다 반혁명 음모 때문에 좌절했다고 비난했다. 그리고 국회에서 침략에 대비해 파리 외곽에 국민방위군 2만 명의 병영을 설치해서 파리를 보호하라고 설득했다. 왕은 국회가 통과시킨 법을 거부했고 대신들이 항의하자 해임했다. 지롱드파는 이제 진실의 순간에 직면했다. 그들은 전쟁이 반역자를 가려내줄 것이라고 주장했다. 논리적으로 그 주장은 왕에 대한 행동을 촉구하고 있었다. 전쟁 선전으로 파리의 장인과 노동자들 사이에 애국심의 열풍을 불러일으켰기 때문에 곧바로 행동에 옮길 가능성은 충분했다. 이 계층 사람들을 '상퀼로트'라 불렀다. 원래 이 말은 귀족의 짧은 바지가 아니라 노동자가 입는 바지를 뜻하는 모욕적인 말이었지만 이제는 자부심 넘치는 표식이 되었다. 상퀼로트는 지난해 왕의 바렌 도주와 샹드마르스 학살 이후 군주정에 적대적이었으며, 왕이 지롱드파 대신들을 해임하자 6월 20일에 튈르리 궁으로 밀고 들어간 대규모 시위대의 주요 세력이었다.[76, 200] 왕은 오스트리아가 몇 주 안으로 승리하리라 확신했기 때문에 철회하지 않았다. 그러나 대부분의 지롱드파는 왕에게 맞서는 것은 위헌이라는 점을 고려하는 한편 상퀼로트의 세력이 강력해졌다는 사실에 놀란 나머지 왕의 의지를 꺾으려 하지 않았다. 그 결과, 8월 10일에 상퀼로트가 봉기해서 왕을 강제로 쫓아냈다. 이날 입법의회는 방관했고, 튈르리 궁을 지키는 스위스 수비대 800명과 상퀼로트 300명이 전투에서 죽거나 다쳤다.[201] 그 뒤 6주가 지난 1792년 9월 21일에 공식적으로 공화국을 선포했지만, 실제로 프랑스는 하룻밤 사이에 이미 공화국이 되어 있었다. 더욱이 '인민'이 공화국을 세웠음을 인정하는 민주주의 국가가 되었다.

첫 공포정과 찢어진 공화국

〔1792년〕 8월 10일의 봉기[7]는 혁명이 일어난 이래 가장 피비린내 나는 사건이었다. 그날 튈르리 궁 스위스 수비대 약 800명과 공격진 중 376명이 죽거나 다쳤다. 그 후 6주는 '첫 공포정'으로 알려졌다. 오스트리아·프로이센 연합군이 진격한다는 소식을

---

7   그 결과로 민주공화국을 수립했기 때문에 '제2의 혁명'이라 부른다.

들고 공황 상태에 빠진 사람들이 더욱 격렬하게 정치 폭력을 자행했다. 8월 10일 직후에 입법의회는 1791년 헌법 체제가 왕의 해임과 함께 붕괴했음을 인정할 수밖에 없었고, 9월에 국민공회를 구성하는 선거를 명령했다. 한편 입법의회는 지롱드파 내각을 복권시켰다. 그러나 입법의회와 지롱드파가 각자 나름대로 왕에 대해 적절한 조치를 취하지 못했기 때문에 자코뱅 급진파와 상퀼로트의 지속적인 도전을 받기 시작했다. 막시밀리엥 로베스피에르는 급진파로서 이미 지롱드파를 신랄히 비판하고 있었다. 그는 전쟁이 위험하고 무책임한 일이라고 반대했고, 지롱드파가 왕을 제거하지 못했다고 비판했으며, 이제는 그들이 은밀히 반혁명 분자들의 돈을 받은 왕당파가 아닌지 의심했다. 〔제헌의원 시절, 완전히 초선의원만으로 입법의회를 구성하자는 안을 통과시키고 그 때문에 원외에서 활동하던〕 그는 8월 10일에 파리 코뮌 위원으로 뽑혀 급진적 조치를 추진했다. 8월 17일에 파리 코뮌은 입법의회에 정치법원을 설치해 8월 10일에 튈르리 궁의 방어에 관여한 사람들을 처벌하라고 강요했다. 이른바 '8월 17일 법원'은 8일 뒤에 첫 번째 사형을 언도했으며, 8개월 뒤에 설치할 혁명법원의 전신이었다.

그러나 그것은 느리게 활동했으며, 8월 말 파리 코뮌은 프로이센 군대가 파리로 향한 도로를 보호하는 마지막 요새인 롱위를 점령했다는 소식을 듣고 반혁명 혐의자들을 모조리 잡아들이라고 명령했다. 수백 명을 감옥에 처넣었으나, 그들이 감옥을 부수고 나와 아녀자를 학살하고 프로이센군에게 파리를 바치려 한다는 소문이 급속히 퍼졌다. 프로이센군이 베르됭 요새를 지나 진격한다는 소문이 9월 2일 파리에 퍼지고 그때까지 최고조에 달하던 긴장이 폭력으로 분출했다. 군중은 아베 감옥으로 가던 죄수 호송차를 가로채서 그 자리에서 학살했다.[8] 상퀼로트는 여러 패로 나뉘어 다른 감옥에서도 '혁명' 재판을 실시하고 즉결처분했다. 닷새 동안 1,100~1,300명의 수용자들이 형식적인 '재판'을 받고 감옥 마당에서 죽을 때까지 난도질이나 곤봉질을 당했다.[9] 이것을 '9월 학살'이라 불렀다. 희생자로는 사제 200명과 저명한 왕당파 수십 명이 있었지만, 대다수는 반혁명 분자의 돈을 받는다는 혐의를 쓴 평범한 범죄자였다.[104]

국회의원과 대신들은 9월 학살에 충격을 받았지만, 그 사건에 가담한 군중의 규모와 결심을 보고 그들을 막을 도리가 없다고

---

8 아베 감옥은 생제르맹 데프레 수도원의 감옥이었다가 왕립감옥이 되었다. 왕은 그것을 군사감옥으로 활용했다. 1789년 6월 30일에 파리 주민들은 이 감옥을 공격해서 프랑스 수비대 병사들을 구출했다. 1792년 8월 10일에 '제2의 혁명'이 일어나고 '9월 학살'의 주요 무대가 되었다. 오늘날 파리 불르바르 생제르맹 데프레 133번지 표지판에서 '326명'이 희생되었다는 사실을 알 수 있다.

9 수용자 명단에서 이름과 죄목을 확인하고 억울한 사람을 석방시키기도 했다.

결정했다. 살육을 막고 멈추려고 조금이라도 시도하면 전쟁에 쏟을 노력을 마비시킬지도 모를 시가전으로 불똥이 튈 수 있었다. 그래서 그들은 사태를 지켜보기로 했다.[112] 신문 보도와 개인 서신을 보면 대다수 파리 주민이 눈앞에서 일어난 일에 충격을 받았지만, 그들 역시 수개월 동안의 긴장이 학살로 터졌다고 생각했음을 알 수 있다. 이 첫 공포정의 사망자를 8월 10일 튈르리 궁의 사망자와 함께 고려할 때 4주라는 짧은 시간에 거의 2,000명이나 죽었다. 정치적 긴장, 전쟁, 반혁명 음모의 두려움이 폭력의 핵심에 있었고, 위로부터 확고한 정치적 지도력이 실패한 것도 무시할 수 없다. '8월 17일 법원'은 정의를 요구하는 상퀼로트를 만족시키지 못할 만큼 너무 굼떴기 때문에, 침략의 공황 상태가 퍼졌을 때 상퀼로트는 스스로 문제를 해결하고자 했다. 그들은 과격하게 행동했지만 분별력을 완전히 잃지는 않았다. 비록 잘못 짚었을 가능성은 있지만 그들은 감옥에 갇힌 수용자 가운데 반혁명 혐의자만 노렸다. 헌법의 붕괴로 정치적 진공 상태가 발생하고 새로 국민공회를 구성할 의원을 선출할 시간이 필요했기 때문에 이 모든 일이 가능했다. 6개월 후에 비슷한 위기가 발생했을 때 정치가들은 이때의 교훈을 되살렸다. 그들은 민중의 분노를 합법적 통로로 확실히 제어하려고 결정적인 행동을 취했다.

1792년 9월 2일에 벌어진 학살자들의 만행.

지롱드파의 실패

9월 학살은 공포정의 폭력을 예고하는 징조였다. 더욱이 공포정의 중요한 원인이기도 했다. 1792~1793년 겨울에 공포정으로 가는 이행기를 지배하던 급진 자코뱅파와 지롱드파의 사이가 더 멀어졌다. 척 보면 두 집단의 차이는 별로 없었다. 두 집단 모두 옛 지방에 뿌리를 둔 확실한 중류 계급 출신이었고, 모두 1789년 혁명에서 정치 경력을 쌓기 시작했으며, 혁명 초에 애국파의 급진적 진영에 속했다. 그러나 그들은 1792년 봄에서 여름까지 전쟁과 민주정의 문제를 놓고 분열했다.[144] 거의 모든 면에서 자코뱅 급진파의 지도자였던 로베스피에르는 지롱드파의 전쟁 정책을 어리석다고 공격하고, 그들이 왕에게 단호한 조치를 취하지 않는 것이 은밀한 왕정주의의 증거라고 비난했다. 지롱드파도 그들 나름대로 로베스피에르가 전쟁을 반대해서 혁명의 지지 기반을 흔들고 9월 학살의 폭력을 조장했다고 비난했다. 대체로 정책 때문에 그들의 차이가 생겼지만, 음모론이 널리 스며들고 영향을 끼친다는 사실로 봐서 당시 국민공회에서 양측은 서로 반혁명을 획책한다는 혐의를 씌우고 있었음을 알 수 있다.

지롱드파는 애당초 국민공회의 다수파로서 분위기를 잘 이끌 만큼 확고한 위치를 차지했다. 그들은 주요 대신직을 맡았고

(전체 의원 745명 가운데) 170명 이상이 그들을 확실히 지지했다. 자코뱅파는 국민공회에서 높은 상단에 모여 앉았기 때문에 〔산을 뜻하는〕 몽타뉴파라고 불렸으며, 지롱드파보다 수가 많았다. 그러나 '평원파'라는 대규모 중도 집단은 자코뱅파의 급진주의와 파리의 폭력성을 두려워한 나머지 지롱드파를 지지했다. 단기적으로 지롱드파는 군사적 운명이 변화하는 데서 도움을 받았다.[175] 9월 20일에 프랑스군은 파리 동부에서 200여 킬로미터 떨어진 발미에서 프로이센군을 무찔렀다. 그로써 오스트리아·프로이센 연합군의 침공을 막았고, 연합군은 물러났다. 그해 말에 프랑스는 벨기에 지방과 라인란트를 점령하고 사보이아 왕국을 합병했다. 유럽 규모의 혁명을 구상하던 지롱드파는 꿈을 실현하는 것 같았고, 11월 19일에 국민공회는 압제에서 벗어나 "자유를 되찾고자" 하는 모든 나라의 국민을 "돕고 형제애를 나눌 것"이라고 약속하는 법을 통과시켰다. 1792년이 가기 전에 국민공회는 한걸음 더 나아가 프랑스군이 가는 곳마다 봉건제도를 폐지하겠다고 약속했다.[51]

그러나 우애는 국내의 의제에 오르지 못했고, 지롱드파는 자신들의 이점을 살리지 못했다. 그들은 형편없는 판단으로 로베스피에르, 조르주 자크 당통Georges Jacques Danton〔1759~1794〕, 급진적 신문발행인 장 폴 마라Jean-Paul Marat〔1743~1793〕를 개인적으로 공격했다. 그들이 내린 가장 끔찍한 오판은 왕의 재판이었다. (더는 왕이 아니기 때문에 가문의 이름을 써서) 루이 '카페Capet'는 8월 10일 튈르리 궁으로 군중이 밀고 들어왔을 때부터 수감생활을 하고 있었지만, 이제 그를 어떻게 처리해야 할지 결정을 내려야 했다. 대다수 지롱드파는 그를 감옥에 가둔 채 장차 유럽 열강과 평화교섭을 할 때 교환조건으로 이용하고자 했다. 그러나 몽타뉴파는 인민이 8월 10일에 봉기했을 때 이미 그를 역적으로 판단했으니 재판도 하지 말고 처형해야 한다고 주장했다. 마침내 11월 말 국민공회에서 이 문제를 토론에 부쳤을 때 대다수는 루이가 반역죄를 지었다고 인정하면서도 재판 형식을 좇아 조금이나마 법적 절차를 따르는 모습을 보여주기를 원했다.▶151 오랫동안 토론한 끝에 국민공회에서 재판을 하기로 결정했다. 12월 10일에 재판을 시작했고, 한 달 뒤 일련의 인상적인 투표를 거쳐 의원들은 루이가 유죄임을 확정하고 사형을 언도했다. 1793년 1월 21일 오전에 루이는 파리 중심부에 있는 (오늘날 콩코르드 광장인) 혁명광장에서 단두대에 올랐다. 사형 집행인들은 루이의 머리와 몸을 뚜껑도 없는 관에 넣고 생석회를 덮은 뒤 공동묘지에 아무런 표시도 없이 묻었다.¹⁰

왕의 처형은 정치재판이었다. 그는 왕이었다는 이유와 왕으로서 한 일 때문에 처형당했고, 여느 범법자처럼 통상의 법원이 아니라 법원 행세를 한 입법부의 재판을 받았다. 그의 지위가 특별했기 때문에 불가피한 일이었을 것이며, 재판 절차는 균형 잡했고 세심했다. 그러나 일부 역사가들은 그의 처형이 정치적 행위였기 때문에 엄밀히 말해서 공포정의 진정한 출발점이었다고 주장했다. 그러나 왕을 처형하고 몇 주 동안 처형한 사례가 없었고 왕의 지위는 분명히 특별했기 때문에 그들의 주장은 처형의 의미를 과장한다.[▶198,▶199] 그 대신 그의 죽음은 좀더 단기적인 결과로 지롱드파의 지위를 약화시켰다는 데서 진정한 의미를 찾을 수 있다. 지롱드파는 대부분 사형에 반대했지만, 대다수 '평원파' 의원들은 분명히 몽타뉴파의 주장이 더 설득력 있다고 생각했다. 재판은 분명히 예외적인 사건이었기 때문에 평원파 의원들이 지지하는 대상을 바꿨다고 해서 그것이 치명적인 결과로 나아갔다고 말하기는 어렵다. 그러나 그들은 위기에 직면했을 때 화해가 아니라 더 어려운 일을 선택할 태세에 있었다는 사실을 알 수 있다. 과연 어려운 선택의 순간은 모퉁이만 돌면 나타

---

10 1770년 5월 30일에 왕세자 루이와 마리 앙투아네트의 결혼을 축하하는 불꽃놀이를 할 때 화재가 일어나 구경꾼이 우왕좌왕하다가 133명이나 숨졌고 마들렌 교회의 공동묘지에 묻혔다. 1792년 8월 10일에 튈르리 궁을 지키다 숨진 스위스 수비대 병사들도 거기에 묻혔다. 그리고 루이를 묻은 뒤에는 마라 살해범 샤를로트 코르데, 마리 앙투아네트, 지롱드파 지도자들도 묻었다. 1815년에 왕정복고로 루이의 큰 동생 프로방스 백작이 루이 18세가 되어 귀국한 뒤 무덤을 파고 루이 부부의 시체를 찾아 전통적인 왕의 무덤인 생드니 교회에 안장했다. 마들렌 교회 무덤의 자리에는 '속죄의 예배당Chapelle Expiatoire'(1815~1826년)을 지었다.

1793년 1월 21일, 단두대에서 생을 마감한 루이 16세.

날 터였다.

1789년 혁명을 돌이켜볼 때 아주 눈부신 면이 있었다 할지라도 분명히 정치적 안정을 가져오지 못했고, 오히려 나라를 두 쪽으로 갈라놓았다. 애국파가 밀어붙인 변화에 귀족 대다수, 적어도 가톨릭교도 절반과 왕이 저항했다. 왕의 바렌 도주는 애국파를 분열시키고 유럽과 치른 전쟁의 망령을 불러오면서 위기를 고조시켰다. 애국파는 좀더 차분한 정치적 분위기에서 온건한 왕정주의자를 혁명의 편으로 끌어들이려고 노력했어야 옳았겠지만 1791년 가을까지 화해를 추구하는 일에 거의 관심이 없었다. 그 대신 지롱드파는 전쟁으로 유럽에 혁명을 일으키고 역적들을 쓸어버리려는 야심찬 계획을 세운 뒤 공세를 취하기로 결정했다. 그들은 군사적 승리와 국내 반혁명 세력에 대한 복수를 다짐하는 말을 늘어놓아 정치적 온도를 끌어올렸지만, 그들이 장담했던 것과 달리 연전연패했을 때 자코뱅 급진파·상퀼로트와 견딜 수 없을 만큼 쓰라린 틈만 넓혔다. 지롱드파의 의사와 달리 왕을 몰아낸 사람들은 급진파와 상퀼로트였다. 그러나 그들과 지롱드파의 갈등은 9월 학살과 왕의 재판 같은 사건을 겪으면서 6개월 이상 더욱 확산되었다. 근본적으로 지롱드파는 민중의 급진주의와 폭력을 싫어하는 온건한 공화주의자였다. 그러나 그들은 민중의 지지를 받지 않고는 이길 수 없는 전쟁을 일으켰다. 더욱이 폭력과 타협해야 민중의 지지를 받을 수 있었을 텐데 그들은 미처 그럴 준비를 갖추지 못했다. 그런데 국민공회의 경쟁자인 몽타뉴파는 폭력과 타협할 태세를 갖추었다. 1793년 봄, 프랑스는 공화국이 분명했지만 분열한 상태였고, 정치 토론을 한답시고 대부분 서로의 계략과 음모를 비난하기 일쑤였기 때문에 정상적인 대화를 하기 어려운 분위기였다. 유럽과 전면전을 앞두고 여차하면 폭력이 난무할 만큼 날마다 급진화하는 파리를 만나야 하는 공화국이기도 했다. 분열한 공화국, 유럽과 벌인 전쟁, 음모의 소문, 민중 폭력의 두려움은 공포정을 불러올 치명적인 요소였다.

3

1793년 3~9월,
공포정의
시작

1793년 지롱드파는 프랑스의 국경 너머로 혁명을 퍼뜨리기로 결정했기 때문에 오스트리아와 프로이센을 상대하던 전쟁은 유럽 차원의 갈등으로 확산되었다. 그렇게 해서 더 많은 병력을 모집하자 위기가 닥쳤다. 지방에서 그에 반발한 폭동이 일어났고, 서부에서는 완전한 반혁명으로 발전했다. 한편 파리에서는 프랑스군이 연전연패한다는 소식에 공황 상태가 발생했다. 3~4월에 국민공회는 위기와 공황 상태를 보면서 긴급조치를 내려, 그동안 기본 구조만 대충 마련했던 공포정을 본격적으로 실시했다. 지롱드파와 몽타뉴파는 이러한 제도를 시행하는 일로 의견 차이를 더욱 드러냈고, 몽타뉴파는 교착 상태에서 벗어나기 위해 6월 초에 상퀼로트와 손잡고 지롱드파를 국민공회에서 강제로 몰아냈다. 몽타뉴파는 그들을 숙청한 뒤 국민공회를 완전히 통제하게 되었지만, 공화국은 새로운 문제를 떠안았다. 남부의 몇 개 도시에서 숙청을 반대하고 사태를 원상복구하려고 이른바 '연방주의 반란'을 일으켰다. 몽타뉴파는 군사적 패배를 역전시키고 연방주의와 반혁명을 진압하려고 노력하는 가운데 파리의 급진파와 상퀼로트의 지원에 의

존해야 했다. 그들도 역시 군사적 승리와 내전 종식을 원하는 한편, 혁명으로 이룩할 사회적·정치적 모습도 분명히 그리고 있었다. 그들은 파리에 식량 공급을 확실히 보장하려면 국가가 경제를 통제해주고, 혁명의 적들에게 단두대를 더 많이 이용하고, 인민이 정치에 직접 참여할 수 있도록 구민회의와 시정부에 더 많은 권한을 주어야 한다고 생각했다. 따라서 그들이 몽타뉴파와 맺은 동맹은 쉽게 깨질 터였다. 양측은 공화국을 구하고자 했지만 공화국의 의미를 달리 생각했다. 몽타뉴파는 국가가 가난한 사람들을 돕기 위해 시장에 간섭하는 대신 자유시장경제를 원했다. 상퀼로트는 보통 사람이 물건을 살 수 있도록 '정당한' 값을 보장해줄 '도덕적 통제경제'를 기반으로 직접민주주의를 원했다. 목적이 다른 두 집단이 갈등을 빚으면서 여름 내내 권력투쟁을 일으키다가 마침내 9월 초에 곪아터졌다. 그때 상퀼로트는 국민공회에 쳐들어가 의원들에게 자기네 의지를 강요했다.

1793년 봄, 군사적 패배와 방데의 난

1792년 가을에 거둔 군사적 승리의 결과가 1793년 2월과 3월에는 프랑스에 자업자득으로 되돌아왔다. 영국과 네덜란드가 프랑스의 벨기에 합병을 보면서 자신들의 안보를 위협한다고 비난했고, 국민공회는 2월 1일에 두 나라에 선전포고했다. 2주 후 뒤무리에는 네덜란드를 침공했지만, 영국은 곧 대다수 유럽 열강과 '제1차 대프랑스 동맹'을 맺고 힘을 합쳐 프랑스의 팽창을 군사적으로 저지하기 시작했다. 뒤무리에는 2월 말 네덜란드에서 쫓겨났고 3월 18일에 벨기에의 네르빈덴 전투에서 패배했다. 그는 국민공회가 잘못했기 때문에 자기가 졌다고 비난하면서 휘하의 병력에게 자기와 함께 파리로 진격해 군주정으로 되돌리자고 강력히 촉구했다. 그러나 부하들이 거부하자 그는 오스트리아 쪽으로 건너가 항복했다.[51] 그가 공개적으로 반역을 시도하자 혁명을 뒤엎으려는 세력이 은밀히 움직이고 있다는 두려움이 파리를 덮쳤고, 뒤무리에와 밀접한 관계를 맺었던 지롱드파는 신용을 잃었다.

국민공회는 병력을 증강하기 위해 진즉에 노력하고 있었는데, 지난해에 전선으로 떠난 의용군 수천 명이 12개월의 의무 기간을 마치고 돌아왔기 때문에 병력 증강의 실적은 놀라울 정도로 떨어졌다. 그래서 국민공회는 2월 말에 30만의 병력을 새로 모집하기로 의결했다. 지난해에는 의용군이 충분히 지원했지만, 1793년에는 의용군이 소수만 남았기 때문에 숫자를 맞추기 위해 징집제를 도입해야 했다. 여러 지방에서 징집제에 반발하고, 서부의 4개 도(방데·되세브르·멘에루아르·사르트)에서 장인과 농민이 징집에 저항하고 징병관들을 공격하면서 내란이 일어났다.[176] 이 내란을 4개 도 가운데 하나의 이름을 따서 방데의 난이라 불렀고, 반도들은 가톨릭교와 군주정에 대한 애착을 표현하기 위해 성심聖心이나 왕당파의 흰색 표식을 상징물로 달았다.[177] 그 지역의 사제 90퍼센트 이상이 1791년에 제정한 성직자 시민헌법을 거부했기 때문에 분명히 종교가 반란의 중요한 요인이었다. 그렇다 해도 왕정주의는 단지 요구사항에 그치지 않고 상징으로 작용했다.[192] 그 대신 반도는 대개 사회·경제 문제 때문에 반란에 가담했다. 수많은 농민이 땅을 더 많이 요구했지만, 막상 교회에서 몰수한 토지를 매각할 때 농촌 근처 마을의 부유한 중류 계급이 사들이는 것을 보고 실망했다. 서부의 세금은 1789년 이후 계속 올랐고, 도·시정부 선거에서 중류 계급이 싹쓸이했기 때문에 농민들은 목소리를 낼 길이 없었다. 더욱이 그들은 젊은이들을 징집해서 아무런 이해관계가 없는 먼 전장으로 데려갈 제도도 불행으로 생각했다.[195] 반도들은 유격대 방식으로 국민방위군과 마을을 공격했다. 그들은 일단 상대방에게 해를 입힌 뒤에는 숲이 우거진 시골로 잠적하기 일쑤였다. 정부는 그 지방에 군대를 거의 갖지 못했고, 도시 기반의 국민방위군은 제대로 싸우지도 못하고 궤멸했다. 반란이 널리 번지자 지방 귀족과 비선서사제가 다수 가담했고, 탈영병들은 반란군에게 부족한 전문성과 지도력을 제공했다. 4월에 방데 반란자들은 몇 개 마을을 침략했고, 5월에는 소뮈르와 앙제의 마을들을 장악했

루아르 강을 건너 반격을 시도하는 정부군.

다. 국민공회는 방심했고, 1789년에 봉건제도 폐지로 이득을 본 농민들이 왜 혁명을 거부하는지 이해하지 못했다. 국민공회는 농민들이 지방 귀족과 사제의 지배를 받고 있으며 방데는 공화국을 파괴하고 구체제를 회복하려는 유럽 전반의 음모에 속한다고 설명할 수 있을 뿐이었다.[164] 그들은 사태를 완전히 잘못 분석했다. 그러나 그 분석은 국민공회가 왜 그처럼 가혹하게 반응했는지 설명할 수 있는 실마리를 준다.

공포정의 기구 (1793년 3~4월)

방데 반란과 벨기에 전쟁 패배는 심각한 문제였지만 또 하나의 위협이 코앞에 다가섰다. 국민공회가 지난해 9월에 회의를 시작한 후 파리 상퀼로트는 한걸음 뒤로 물러났다. 그러나 1793년 초봄에 경제·정치 문제 때문에 그들은 중앙무대로 돌아왔다. 국민공회는 아시냐 지폐를 발행해서 벨기에 전쟁을 재정적으로 뒷받침했고, 점령지에서 징발과 압류로 부족한 돈을 충당했다. 그러나 지폐를 더 많이 발행할수록 화폐가치를 떨어뜨렸고, 그 결과 3월에 아시냐 가치는 액면가의 30퍼센트 밑으로 떨어졌다. 상퀼로트는 대개 지폐로 거래했기 때문에 식료품 가격이 폭등하자 타격을 받았다. 카리브 해의 프랑스 식민지 섬들에서 노예반란이 일어나 그곳 생산품 가격이 평상시보다 두 배 이상 뛰었기 때문이다.[76] 2월 말, 파리의 여러 구에서 상퀼로트가 상인들을 공격하는 폭동을 일으켰고, 국민공회가 재빨리 진압했지만 뒤무리에가 네덜란드에서 패퇴했다는 소식이 들리자 또다시 정치적 불안이 엄습했다. 상퀼로트는 뒤무리에와 지롱드파가 밀접한 관계를 맺은 데다 둘 다 은밀히 반혁명을 추진하는 세력이라는 증거라고 여겨서 3월 9~10일 밤에 조직적으로 분노를 표출했다. 그들은 지롱드파 신문을 발행하는 인쇄소들을 때려 부수었고 지롱드파 의원들을 국민공회에서 쫓아내라고 요구했다.

국민공회는 9월 학살의 폭력으로 되돌아간다고 보기보다는 재빨리 그것보다 한술 더 뜨는 행동을 했다. 징집으로 불거진 소요에 대처하기 위해 '파견의원'이라는 이름으로 의원 82명에게 방대한 권한을 주어 각 도에서 징집을 감독하고 공공질서를 회복하도록 했다. 반혁명의 위협을 분쇄하기 위해 혁명법원을 3월 10일에 설치했다. 판사 다섯 명과 배심원 열두 명으로 법정을 열어 평결을 내리면 24시간 안에 실행해야 하고, 피고에게 항소권을 주지도 않았다.[128], [131] 국민공회는 방데에서 권위를 강화하려고 3월 19일에 무장반도를 대상으로 명령을 내렸다. 징집에 반대하고 폭동에 참가하는 자를 붙잡아 재판도 하지 않고 24시간 안에 처형한다는 내용이었다. 이틀 후에는 크고 작은 마을마다 감시위원회를 꾸려 외국인을 감시하라고 명령했다.[186] 3월

28일에는 외국에서 국내로 돌아온 망명자들을 무법자로 취급해 재판을 거치지 않고 처형한다고 규정했다. 그 이튿날에는 군주 정을 지지하면 사형이라고 규정했다.[58] 마침내 4월 6일에 국민 공회는 '구국위원회'라는 작은 집행위원회를 설치했다. 위원 아 홉 명은 국민공회 안에서 매달 한 번씩 뽑았다(나중에는 열두 명 으로 수를 늘렸다). 그들은 장관들의 활동을 감독하고 군사활동을 조정하는 역할을 맡았다. 일부 의원은 그것이 독재기구로 발전 할 가능성이 있다고 걱정했지만, 위원회의 초기 위원인 베르트 랑 바레르Bertrand Barère/Barère de Vieuzac(1755-1841)는 이렇게 안 심시켰다. "사람들은 계속 독재에 대해 말합니다. 나는 국가에 필요하고 국가가 원하는 합법적인 기구가 단 하나 있으며 그것 이 국민공회라고 알고 있습니다. 국가가 자신에게 독재를 행하 는 경우는 바로 〔국민공회 의원〕 여러분을 통해서 가능합니다. 그 리고 나는 그야말로 자유로운 계몽시민이 묵인해줄 유일한 독재 라고 믿습니다."[96], [173]

지롱드파의 체포

한 달도 안 되는 사이에 수많은 조치를 내려 공포정의 기구를 자 리 잡게 만들었다. 〔1793년 1월 1일에 설치한 국방위원회의 기능을 강화하고 장관들을 감독하기 위해 4월 6일에 설치한〕구국위원회, 〔3월 10일에 설치한〕혁명법원, 〔2월 24일에 통과시킨 30만 명 징집법을 원활히 실시하기 위해 3월 9일부터 지방으로 보낸〕파견의원, 〔3월 21일에 각 구와 코뮌에 위원 열두 명으로 설치한〕감시위원회, 〔방데 반란자들을 모두 사형에 처한다는〕3월 19일의 법은 모두 정부의 주요 제도였고 앞으로 18개월 동안 탄압기구 노릇을 할 터였다. 이러한 기구가 존재했다는 사실은 대체로 온건한 평원파 의원들이 지롱드파가 실시하지 않던 가혹한 조치를 실시할 수 있는 현실주의자는 몽타뉴파라고 생각〔하고 지지〕했기 때문에 몽타뉴파의 영향력이 날로 커졌음을 뜻했다. 4월에 다수의 몽타뉴파 의원이 파견의원으로 떠난 뒤 국민공회에서 그들 세력이 약해진 틈을 타서 지롱드파는 주도권을 되찾으려고 노력했다. 4월 12일에 그들은 과격한 신문발행인 장 폴 마라를 혁명법원으로 보냈다.[1] 〔4월 5일에 자코뱅 클럽 의장이 된〕마라는 국민공회에서 지롱드파를 몰아내자고 촉구하는 자코뱅 클럽 회람에 서명했기 때문이다.[129] 그는 〔피신했다가 24일 혁명법원에 자진출두해서〕무죄를 선고받고 상퀼로트 지지자들의 어깨에 올라탄 채 의기양양하게

---

1 그날 몽타뉴파가 반발했지만, 결국 마라를 아베 감옥에 가둔다는 명령을 의결했다. 그리고 4월 20일에 마라를 체포하고 혁명법원에 기소한다는 명령을 의결했다.

거리를 누볐다. 그러나 지롱드파는 이제 파리 코뮌으로 공격의 방향을 틀었다. 파리 코뮌은 몽타뉴파와 밀접한 관계를 맺었고 4월 중순에는 비밀위원회를 구성해서 지롱드파를 몰아낼 계략을 꾸몄다.[2] 지롱드파는 낌새를 채고 조사위원회를 설치하자고 국민공회를 설득했다. 조사위원회는 코뮌의 몇몇 위원을 체포하라고 권고하는 보고서를 제출했다. 그중에는 급진주의 신문 『뒤셴 영감Père Duchesne』으로 상퀼로트 독자를 많이 확보한 에베르가 있었다.[3] 그들을 체포할 때 공교롭게 지방에서도 자코뱅에 반발하는 걱정스러운 징후가 나타나고 있었다. 5월에 리옹과 마르세유의 온건파는 지롱드파와 직접적인 상관은 없었지만 자코뱅주의와 정치적 급진주의를 싫어했기 때문에 자코뱅파 시정부 관리들을 쫓아냈다.▶116, ▶183 몽타뉴파 지도자들은 국민공회에서 세력 균형이 깨지는 것을 보고 파리 코뮌과 상퀼로트에게 봉기해서 국민공회를 압박해도 좋다는 신호를 보냈다. 5월 31일의 첫 시도는 실패했지만 이틀 뒤 상퀼로트와 국민방위군 수만 명

2 4월 15일에 파리 코뮌은 48개 구 가운데 38개 구가 참여한 청원서를 들고 국민공회를 찾아 지롱드파 의원 22명을 몰아내라고 요구했다.

3 자크 르네 에베르Jacques René Hébert는 상퀼로트와 하층민에게 친근한 상소리를 섞어서 독자를 사로잡았으며, 주인공인 뒤셴 영감이 물고 있는 담뱃대가 예리코 성을 함락시킨 대포라고 말했다.

이〔대포를 앞세운 채〕국민공회 의사당을 에워싸고 지롱드파 지도자를 체포하라고 요구했다. 의원들은 잠시 저항하다가 무너졌으며, 몇 명의 전직 장관들을 포함해서 모두 29명의 지롱드파를 가택연금하기로 의결했다. ▸187

지롱드파는 혁명기 의회에서 최초로 숙청당한 세력이었다. 그 결과, 몽타뉴파는 국민공회를 완전히 장악했지만 파리 이외의 지역에서 국민공회의 권위를 여지없이 무너뜨렸다. 노르망디와 남부의 몇몇 주요 도시는 국민공회에서 의원들을 체포한 데 대해 반란을 일으켰다. 리옹·마르세유·보르도·툴루즈·캉 같은 도시는 체포가 위헌이라고 선언하고 파리 급진주의가 인민주권 원칙을 무자비하게 짓밟았다고 비난했다. ▸116, ▸183 6월 말 즈음 50개 도가 연방군을 모집해서 파리로 진격해 법치주의를 회복하자는 데 서명했다. 대다수가 서명만 하고 실제 행동하지는 않았지만 국민공회의 앞날은 암울해졌다. ▸117, ▸125 곧바로 국민공회는 반도들이야말로 국가통일을 붕괴시키고 나라를 '연방'단위로 조각내려는 왕당파 음모가라고 선언하면서 반란을 '연방주의'로 비난했다. 그것은 과장이었다. 대다수 '연방주의자'는 자코뱅의 급진주의와 상퀼로트의 폭력을 몹시 싫어하는 온건파 공화주의자였기 때문이다. 그들은 헌정질서를 회복하기 바랐지만 군사침략과 방데 반란을 겪는 나라에서 군사반란을 일으켰다는 사실로써 충분히 반역의 혐의를 받을 만했다. ▸122

국민공회는 처음에는 반란세력과 화해하려고 노력했다. 지롱드파 의원들은 감옥이 아니라 자택에 연금되어 있었으며, 나머지 의원들은 민주주의에 헌신한다는 증거로 9개월 전에 실시한 선거의 목적에 맞게 헌법을 기초하는 일을 마쳤다. 이른바 '1793년 헌법'은 6월 말에 승인받았다. 그것은 남성의 보통선거, 단원제 의회와 매년 선거, 주요 법률에 대해 국민투표를 실시하는 내용으로 완벽하게 민주적인 헌법이었다. 심지어 '인권선언'도 담아 부당한 정부에 저항하는 시민의 반란권을 인정하고, 교육과 사회복지 같은 사회적 권리도 포함시켰다. 7월 초에 국민투표에 부친 결과, 유권자 30퍼센트가 참여해서 압도적 지지로 확정했다. 혼란기에 이 정도 투표율이 나온 것은 굉장히 큰 성과였다. 그러나 얼마 후 전쟁이 헌법의 효력을 발휘할 기회를 빼앗고 상황을 악화시켰기 때문에 헌법은 서류작업으로 끝났다. 오스트리아 군대는 7월에 콩데와 발랑시엔의 주요 요새들을 점령했다. 프로이센 군대는 알자스를 침공했고, 에스파냐 군대는 피레네 산맥을 넘었다. 그동안 방데의 반도들은 7월 초 [프랑수아 조제프 웨스테르만François-Joseph Westermann(1751~1794) 장군이 이끄는] 정부군을 [파리에서 서남쪽으로 아주 가까운] 샤티옹에서 격파했고, 연방주의 반란은 7월 초 [지중해 연안의 해군 도시인] 툴롱이 반란에 가담하면서 더욱 드세졌다. 노르망디의 왕당파 가문 출신으로 연방주의 반란에 공감한 여성 샤를로트 코르데가 민중

1793년 7월 13일, 샤를로트 코르데가 마라를 살해하다.

의 우상이던 급진적 신문발행인 장 폴 마라를 살해했을 때 파리에도 연방주의의 망령이 손을 뻗쳤다. 사흘 후[7월 16일], 방부처리가 된 그의 시신은 코르들리에 클럽이 소유한 땅에 묻혔다. 그이튿날 코르데는 정치적 암살범에게 주는 붉은 외투를 입고 단두대에 올랐다. [134]

구국위원회와 권력투쟁

상황이 급격히 나빠지자 국민공회는 구국위원회를 재편했다. 4월 초부터 조르주 자크 당통이 구국위원회를 지배했다. 카리스마 넘치는 그는 혁명 초에 코르들리에 클럽에서 활약하고 군주정을 폐지한 뒤 지롱드파 내각에서 법무장관이 된 인물이었다. 그는 오스트리아와 영국을 상대로 전쟁을 끝내자고 협상하는 한편 연방주의 반도들과도 화해하려고 노력했다. 그의 노력은 물거품이 되었고 7월 10일에 그와 지지자들은 구국위원회에서 쫓겨났다. 이제 몽타뉴파 핵심 위원들만 구국위원회에 남아 강경한 정책을 따를 확고한 태세를 갖추었다. 그 뒤 두 달 동안 새로운 인물이 위원회에 들어갔다. 막시밀리엥 로베스피에르가 7월 26일에, 군사전문가인 두 장교 라자르 카르노Lazare Carnot[1753-1823]와 클로드 앙투안 프리외르 드 라 코트 도르

Claude-Antoine Prieur de la Côte d'Or[1763-1832]가 8월 중순에, 그리고 파리의 급진파 두 명인 장 마리 콜로 데르부아Jean-Marie Collot d'Herbois[1749-1796]와 자크 니콜라 비요 바렌Jacques-Nicolas Billaud-Varenne[1756-1819]이 9월 초에 위원이 되어 위원회를 강화해주었다.[173]

활력을 얻은 구국위원회는 곧 다방면의 전선에서 단호하게 행동했다. 7월 13일 파시쉬르외르에서 노르망디 연방주의 군대를 진압하고, 이튿날에는 론 강 골짜기를 따라 북상하는 마르세유 군대를 아비뇽 근처에서 물리쳤다. 7월 중순에 알프군軍[알프스군]의 일부는 리옹을 포위, 공격하라는 명령을 받고 10월 초까지 공격했다. 8월 1일 국민공회는 프로이센군에 항복한 뒤 마인츠에서 풀려난 병력을 대거 투입해 방데 진압군을 지원하면서, 반란 지역의 모든 작물과 숲을 태우고 여성·아동·노인을 내륙으로 퇴거시키라고 명령했다.[142, 164] 만일 방데에서 패배했다면, 유럽 전쟁도 단념해야 했을 것이다. 수개월 동안 상퀼로트는 순전히 병력 크기만 가지고 적을 무찌르려는 마음으로 전국 총동원 체제로 나아가야 한다고 구국위원회를 압박했다. 그것은 혼란과 살육을 진압할 처방임이 분명했으며, 게다가 구국위원회는 군대를 증강시킬 필요가 분명히 있다고 여겨 8월 23일에 총동원령을 실시했다. 이렇게 해서 18세에서 25세의 독신 남성은 모두 징집 대상이 되었고, 나머지 성인도 모두 전쟁 관련 산업에 동원되었다. 노인은 마을 중심의 공공 광장에 나가 공화주의 원리를 가르치고, 아낙네는 천막과 옷을 꿰매고 병원 일을 도왔으며, 어린이는 속옷을 찢어 붕대를 만들었다. 그것은 인구 전체를 동원하는 총력전이었다. 연장자들이 물밀듯이 광장으로 몰려들었어도 아무도 쓰러지지 않았고, 수천 명의 독신 남성이 징집을 피하려고 급히 짝을 찾으면서 결혼률이 급등했다. 그러나 그보다 더 중요한 사실은 그해가 가기 전까지 30만 명 이상이 추가로 라인·모젤·아르덴·노르[북부]의 주요 4개 군부대에 편입되었다는 것이다. 그리하여 그들까지 합친 병력은 80만 명을 훌쩍 넘었다.[91]

구국위원회는 전쟁을 수행하려고 한층 더 노력하는 한편 식량 공급에 힘쓰라는 상퀼로트의 요구에도 귀를 기울여야 했다. 상퀼로트의 요구는 가격을 결정하는 것이 시장이 아니라 보통 사람도 구입할 수 있는 '적정 가격'이어야 한다는 '도덕경제'의 원리를 따랐다. 이러한 목적을 달성하기 위해 그들은 식료품·연료 같은 생필품 가격을 통제해달라고 요구했다. 또 민간인으로 '혁명군'을 창설하고, 시골을 뒤져 가격을 올릴 속셈으로 시장에 내놓지 않고 곡식을 쌓아놓은 투기꾼을 찾아 처벌하라고 요구했다. 몽타뉴파와 구국위원회는 자유로운 시장경제 체제가 올바른 길이라고 믿었기 때문에 국가가 가격을 통제하기를 원치 않았다. 그러나 그들은 전쟁으로 평시의 시장경제 체제가 무너졌기 때문에 어느 정도 통제할 필요가 있음을 인정했다. 파리의 빵 값은 2월 이후 시정부가 보조해주었지만 곡식의 공급이 진짜 문젯거리였다. 5월 4일에 〔곡식의 최고가격제〕 법은 국가가 곡식 가격을 통제하며 각 도정부가 가격을 책정하게 했다. 그러나 농부들은 가격이 너무 낮다고 주장했기 때문에 도정부의 말을 무시하는 경우가 많았다. 그래서 도정부는 암시장에 개입하는 길을 택했다. 파리에 공급량이 줄어들자 상퀼로트는 농부와 상인들에게 공포 수단을 동원해서라도 협력하게 만들라고 촉구했다. 구국위원회는 7월 26일에 사재기를 사형으로 규정하는 명령으로 상퀼로트의 요구에 응했다. 구국위원회는 도매상인에게 물건을 받으면 사흘 안으로 팔라고 명령하고 어길 시에 사형이라고 고지했다. 8월 9일에도 〔도의 하부조직인〕 디스트릭트마다 농촌 주변에 공공의 곡식창고를 설치해 쌀 때 곡식을 샀다가 비쌀 때 팔아 소비자가 가격변동을 겪지 않도록 명령했다.[1] 그러나 어떤 조치도 즉시 효력을 보지 못했고 상퀼로트는 더욱 강하게 압박했다.

파리에서 툭하면 급진적 행동을 구상하는 소매상·장인·직공·노동자 인구가 많은 중앙과 동쪽 지역에서 특히 강한 조치를 요구했다.[188] 또한 극도의 급진파로 '화가 난 사람들'을 뜻하는 앙라제Enragés라는 소집단이 극단적 조치를 부추겼다. 그들은 극단적인 급진주의로 많은 사람의 관심을 끌었지만 결코 일관성 있는 집단이 아니었다. 차라리 그들은 호전적이고 시끄러운 개인들이었으며 부자에게 징벌적 세금을 물리고, 식료품 사재기·투기·반혁명 행위를 사형으로 다스려야 한다고 생각하는 점에서 비슷했다. 6월 말 그들 가운데 가장 유명한 자크 루Jacques Roux(1752-1794)는 파리에서 가장 가난한 (그라빌리에Gravilliers) 구의 대표단을 이끌고 국민공회로 가서 1793년 헌법에 투기꾼을 사형시키는 조항을 포함시키지 않았기 때문에 무효라고 고발했다. **"특정 계급이 아무런 벌도 받지 않고 다른 계급을 굶겨 죽일 수 있다면 자유는 아무런 의미가 없습니다. 사기꾼의 재산이 사람 생명보다 더 값지단 말입니까?"**▶182 그날 그는 오직 그렇게 외쳤을 뿐이다. 그러나 그는 7월 중순 마라가 살해당한 뒤 마라의 신문을 이어받아 『공화국의 신문기자Publiciste de la République』를 '속간'하겠다고 자처했고, 집에 들어앉아 (마라보다) 더 두려운 말을 만들어냈다. 급진적 신문발행인 에베르는 루의 활동에 자극을 받고 용기를 내서 『뒤셴 영감』에서 비슷한 조치를 요구했다. 에베르는 속된 언어와 냉소적 문체로 상퀼로트의 독자층을 널리 확보했고, 자코뱅 클럽과 코르들리에 클럽에서 영향력 있는 인사들의 칭송을 받았다. 전쟁부도 급진파 압력의 중심지 노릇을 했다. 장관의 비서장인 프랑수아 니콜라 뱅상François Nicolas Vincent(1767-1794)은 여름 동안 상퀼로트 활동가를 수십 명이나 전쟁부에 고용했다. 그는 코르들리에 클럽에서 연설가로 활동하고 『뒤셴 영감』을 포함한 급진파 신문을 수천 부씩 사서

전방 군부대에 보냈다.[100]

압박 수위가 높아지더니 9월 초에 끝내 행동으로 폭발했다. 9월 2일 파리에서는 툴롱의 연방주의 당국이 사뮈엘 후드 제독Admiral Samuel Hood[1724-1816]의 영국 함대에 항복하고 루이 16세의 아들이며 후계자인 루이 17세Louis ⅩⅦ[1785-1795]에게 충성하기로 맹세했다는 소식이 돌았다. 음모와 반역의 망령이 되살아나고 곧 식량 부족 문제가 거기에 편승했다. 이틀 뒤인 9월 4일, 파리 북쪽 건축 현장에서 석공과 건축 노동자들이 시청으로 몰려가 식량 공급 체계를 개선해달라고 요구했다. 그들이 시청에 도착할 즈음 수천 명이 그들 뒤에 따라붙었고, 파리 시장 장 니콜라 파슈Jean-Nicolas Pache[1746-1823]는 그들이 요구한 대로 '혁명군'을 창설해서 투기꾼을 추적하겠다고 약속했다. 에베르는 군중이 국민공회로 몰려가면 그 일을 완수할 것이라고 넌지시 부추겼다. "[작년] 8월 10일, 9월 2일, 그리고 [올해] 5월 31일처럼 우리 함께 국민공회를 포위합시다. 의원들이 우리 자신을 구하기 위해 제안한 조치를 수락할 때까지 헤어지지 맙시다."

이튿날[9월 5일] 상퀼로트 수천 명이 파리 코뮌의 뒤를 따라 국민공회로 몰려들었다. 그들 대표는 혁명군을 창설하고 반혁명 혐의자들을 모두 체포하라고 요구하는 청원서를 읽었다. **"의원 여러분은 현명한 법을 통과시켜서 우리에게 행복이라는 희망을**

주었습니다. 그러나 정부에 충분한 힘이 없기 때문에 그 법이 효력을 발휘하지 못했습니다. 만일 여러분이 정부에 권력을 빨리 공급해주지 않는다면, 여러분이 제정한 법은 통과된 직후에 시대에 뒤진 것이 될 위험이 있습니다." 국민공회는 두 가지 요구를 곧바로 수용해 반혁명 혐의자를 체포하고 7,200명의 혁명군을 창설하는 조치를 빨리 취하라는 명령을 내렸다.[166] 상퀼로트가 의지를 관철시켰다. 그러나 국민공회 의원들이 숙청을 피했고, 구국위원회도 그 자리에 남아 새 조치를 실행하는 책임을 맡았기 때문에, 상퀼로트는 겨우 반쪽짜리 승리만 거두었다. 법치주의는 살아남았다. 그러나 나라에는 여전히 해결해야 할 문제가 많이 남았기 때문에 이후 몇 달 동안 어렵고 격렬한 시기를 겪어야 했다.

6개월 전인 3월과 4월에 국민공회는 공포정 시기에 나라를 운영하게 될 구국위원회·파견의원·혁명법원 따위의 중요한 기관들을 설치했다. 그러나 [4월 6일 구국위원회 설치법 7조에서 한 달의 임기를 정했듯이] 당시에는 여름을 지나면서 사태가 악화되리라고 예측한 사람은 거의 없었다. 9월까지 구국위원회는 모든 역경에 맞서면서 정부의 실세 위원회가 되기 시작했다. 혁명법원은 60명을 처형했고, 파견의원들은 파리 밖에서 국민공회의 권위를 드높이는 데 도전하는 세력과 싸웠다. 이 기관들은 여름에 더욱 나빠진 정치 상황에 적응하고 있었고, 공화국이 존속하려면 급진적 행동을 해야 할 필요가 있음을 알게 되었다. 군사적 패배와 전반적 붕괴의 두려움이 이처럼 상황을 악화시킨 주요인이었음이 분명했다. 방데의 난, 연방주의 반란, 통제경제를 실시하라는 상퀼로트의 압력, 더욱 심화한 공포정이 상황을 악화시킨 주범이었다. 그러나 여름의 사건은 국민공회 의원들의 태도도 바꿔놓았다. 이제 의원들은 공화국이 비엔나에서 런던까지, 로마에서 방데까지 방대한 지역을 무대로 펼쳐진 음모 때문에 위협을 받는다는 사실과 그 음모를 무찌르는 길은 무자비한 힘을 끊임없이 휘둘러야 한다는 사실을 확신했다. 힘은 공포정을 뜻했고, 그 후 네 달간 공포가 파리에서 전국 방방곡곡으로 극적 효과를 가지고 퍼져나갔다.

4

1793년
9~12월까지
파리와 지방의
공포정

9월 5일에는 급진적 활동가들과 상퀼로트가 구국위원회와 국민공회에 쳐들어가 반혁명 혐의자들과 식료품 투기꾼에게 공포정을 실시하라고 압박하는 사건이 일어났다. 그들은 9월 대부분을 강하게 압박하는 데 보냈고, 10월에는 기독교를 전방위로 공격해 나라의 대부분 지방에서 교회 문을 닫게 만들었다. 구국위원회는 그들의 압력을 막아내려고 노력하는 동시에 급진주의자들이 정치 일정을 완전히 쥐고 흔들지 못하게 막으면서 합헌적 정부를 보호했다. 구국위원회는 몇몇 문제에는 뒤로 물러났고 또 다른 문제에는 선제적으로 행동해서 분란을 막았다. 이미 구국위원회는 공포정의 층계를 한 단계씩 딛고 올라갔고 연방주의·방데의 난·전쟁에 맞설 힘을 강화해나갔다. 사실상 그들은 두 개 전선에서 공화국의 적, 동맹인 상퀼로트 세력에 맞서 싸웠다. 그러나 그해가 끝날 즈음 그들이 성공하기 시작했고, 사태의 흐름은 공포정을 향해 나아가기 시작했다. 연방주의자의 반란은 실패했고, 방데의 난은 통제 상태에 들어갔으며, 제1차 대프랑스 동맹군은 퇴각하지 않을 수 없었다. 공화국은 안전했고 구국위원회는 전쟁 내각으로 발전해서 3개월 전까지만 해도 갖지 못했던 권위를 과시하게 되었다.

음식과 단두대

9월 5일의 시위가 일어나고 며칠 안에 국민공회는 혁명군 설치법과 가격통제법을 통과시켰다. 9월 9일에 상퀼로트 7,200명을 무장시켜 파리 혁명군을 창설하고, 사령관으로 정규군 병사 출신이며 급진파 활동가인 샤를 필리프 롱생Charles-Philippe Ronsin(1751-1794)을 임명했다. 그들은 파리 주변의 도 지역을 순찰하면서 식료품 투기꾼을 추적하고 반혁명 혐의자를 체포하는 임무를 수행했다.▶107 9월 11일에 곡식과 사료의 가격통제법을 통과시키고, 9월 29일에는 임금에 대해서도 '최고가격제'를 적용하고 가격통제를 전국에 실시했다.1 임금은 1790년 수준의 50퍼센트 이상, 식료품과 생필품 가격은 33퍼센트 이상으로 확정했다. 비율은 지방별로 디스트릭트 당국이 정하도록 했지만, 10월 중순에 구국위원회는 식료품중앙위원회를 설치하고 구국

---

1 곡식의 최고가격제prix maximum des grains는 이미 5월 4일에 제정한 법의 효력을 전국으로 확대시키는 법이었다.

위원 중 한 명인 로베르 랭데에게 감독권을 주었다.[1/2] 이론상 최고가격제는 국가가 경제 전반을 통제하는 제도였다. 그러나 실제로 큰 영향을 끼치지는 못했다. 이미 물가가 1790년 이후 33퍼센트 이상 올랐기 때문에 농민과 곡물상은 물건을 내놓지 않고 암시장에서 팔고자 했다. 혁명군은 집집마다 뒤져 숨겨놓은 곡식을 찾아내는 일에 어느 정도 성과를 얻었다. 하지만 10월 말 파리의 곡식 공급은 여전히 평균 수준 이하였고, 파리 코뮌은 배급증을 발행해서 하루치 기본량을 나눠주기 시작했다.

그동안 공포정에 한걸음 더 다가섰다. 9월 17일 국민공회는 '반혁명 혐의자법'을 통과시켜 "행동·인간관계·말·글로 폭정·연방주의·자유의 적을 지원하는" 자를 모두 혐의자로 취급했다. 일정한 수입원이 없는 자, 지역 혁명위원회가 시민증을 발행해주지 않은 자, 1789년 이후 정부 공무직에서 해임된 자, 망명자들과 밀접한 관계를 맺은 자들은 모두 왕정주의자나 연방주의자이며 혐의자라고 규정했다. 크고 작은 마을의 혁명위원회는 혐

---

2 로베르 랭데Robert Lindet(1746-1825)는 입법의원을 거쳐 국민공회 의원이 된 몽타뉴파 인물이다. 입법위원회 소속이었다가 구국위원으로 뽑혀 재정과 생필품 분야를 맡아 활동하다가 리옹과 노르망디에서 파견의원으로 임무를 수행했다. 그 후 다시 구국위원회 위원으로 뽑혀 10월 26일부터 생필품·농업·상업·교통·통신 분야를 관장했다.

의자를 체포하고 혐의 내용을 자세히 밝혀 파리의 안보위원회
로 보내고 적절한 행동지침을 받아야 했다. 그 결과, 9월 중순에
1,417명이었던 파리 감옥의 수용자는 12월 말에 4,525명으로
세 배나 늘었다. 지방 현황을 비교할 만한 수치는 없지만 수용자
가 극적으로 증가했음이 분명하고 전국적으로 거의 50만 명에
육박해서 인구의 2퍼센트와 맞먹었다. 반혁명 혐의자를 더 빨리
처벌하기 위해 파리의 혁명법원을 4개 부로 확장하고 그중 두
개를 동시에 활동하게 했다. 그 결과 처형률이 올라갔다. 파리
에서 3월 중순부터 9월 중순까지 66명을 처형했지만 그해 말까
지 거의 세 배인 177명을 처형했다. 그래도 그 당시의 법원은 인
민재판을 하지는 않았다. 심리한 사건 중 절반 가까이 무죄를 선
고했기 때문이다. 그러나 판결까지 시간을 단축했고, 유명인사
를 희생시킬 때는 '구경거리 재판'을 연출했다.[13] 마리 앙투아
네트는 반역죄와 여덟 살짜리 아들과의 근친상간이라는 죄목으
로 10월 16일에 처형되었다.[146, 153] 루이 16세의 사촌이며 초
기 단계에서 혁명을 지지했던 루이 필리프 조제프 도를레앙 공
Louis Philippe Joseph d'Orléans(1747-1793)은 11월 6일, 루이 15세의
마지막 애첩이었던 일흔 살의 마담 뒤바리Jeanne Bécu, Comtesse
du Barry(1743-1793)는 12월 초에 처형되었다. 지롱드파 지도자들
은 그들보다 먼저 10월 31일에 사라졌다. 그들은 왕정주의와 연
방주의를 지지했다는 혐의를 맹렬히 부인했지만 구국위원회는

1793년 10월 16일, 마리 앙투아네트의 처형.

혁명법원의 배심원단이 판결하기에 충분한 증거를 확보하면 사흘 이내에 재판을 끝낼 수 있다는 법을 만들어 판결 시간을 단축했다. 혁명법원이 엄숙히 유죄판결을 내리자, 샤를 발라제Charles Éléonor Dufriche-Valazé(1751-1793)는 법정에서 단도로 자결했다. 이튿날 당국은 그의 시신을 동료들 곁에 지지대로 받쳐서 형장까지 태워 갔다가 처형한 뒤 모두 한군데 묻었다. 지롱드파 내무장관 장 마리 롤랑의 아내 마담 롤랑은 11월 8일에 그들의 뒤를 따랐고, 남편은 도주하던 중에 아내의 소식을 듣고 자살했다. (1789년 6월 20일에 초대 국회의장 자격으로 죄드폼의 맹세를 선창했으며, 최초로 민간이 직접 뽑은) 파리 시장이었던 바이이는 이틀 뒤에 처형되었다. 그는 1791년 7월 샹드마르스 학살사건을 주도했기 때문에 상징적으로 샹드마르스로 단두대를 옮겨놓고 처형했다.[3] 혁명 초기의 지도자였던 앙투안 조제프 바르나브는 11월 28일에 단두대에 올랐다.[4] 바이이를 제외하고 모든 이가 혁명광장, 오늘날 콩코르드 광장에서 처형되었다. (시테 섬의) 콩시에르

---

3 처음에는 샹드마르스에서 처형하려고 했지만, 신성한 조국의 제단을 세운 광장에 불순한 피를 뿌릴 수 없다는 여론 때문에 단두대를 광장 북쪽 센 강가로 옮겨 다시 설치하고 집행했다.

4 앞에서 보았듯이 라메트·뒤포르와 '3인방'에 속했던 그는 바렌에서 붙잡혀 돌아오는 왕의 마차를 영접하는 역할을 맡았고, 왕 일가를 보호하려고 노력했다.

주리 감옥에서 [단두대를 설치한 광장까지] 사형수 호송마차가 한 시간 정도 움직이는 거리에 군중이 빽빽이 서 있었고, 단두대 칼날이 떨어지면 주변에 있던 사람들이 환호성을 지르면서 몰려갔다.[88 / 5]

방데의 죽음

파리에서 사망률이 올라가는 동안 여러 지방에서도 방데 반란과 연방주의자 반란을 진압하면서 사망률이 극적으로 올라갔다. 방데 반란은 유격전이었다. 양측이 때로는 맨손으로 싸우고, 잔인한 고문과 신체 절단을 서슴지 않았다. 공화국 편에서 방데 반군에 정면으로 맞선 서부군은 소규모 부대들로 편성되었고, 라인군의 일부로 보강되었다. 그들 중 일부는 훈련을 잘 받았지만, 나머지는 대개 신병으로서 유격전을 두려워했고, 반도들을 인간 이하의 광신자로 보라는 장교들의 말에 세뇌당했다. 명확한 지휘계통이 없었기 때문에 그들은 아무런 도움도 받지 못했다. 장

---

5 사형수가 흘린 피의 신비한 힘을 믿거나, 사형수의 추억을 간직하거나, 또는 누군가의 부탁으로 삯을 받았거나, 피를 천에 묻히려는 사람들이 있었다.

군들은 구국위원회가 파견한 의원들과 부딪쳤고, 파견의원들 역시 자기네보다 더 급진적이고 과격하기 일쑤인 전쟁부 위원들 때문에 힘들었다. 이론상 파견의원이 책임자였지만 파리의 정치 상황이 아주 불안하고 통신이 어려웠기 때문에 명령의 권위가 서지 않았다. 그러한 상황에서 파견의원과 전쟁부 위원들은 방데 반란자들을 고발하고 완전히 절멸시키겠다고 협박하면서 신뢰를 얻으려고 노력했다.[162] 그러나 그들만이 아니었다. 구국위원회는 방데를 반혁명의 중심지로 보았고, 거기서 승리해야만 제1차 대프랑스 동맹을 무찌를 수 있다고 보았기 때문에 방데를 가혹하게 처벌하는 정치노선을 택했다. 8월 1일 바레르는 국민공회에서 구국위원회의 의견을 발표했다. "방데를 무찌르면 오스트리아는 더는 발랑시엔을 소유하지 못합니다. 방데를 무찌르면 프로이센은 더는 라인 강을 차지하지 못합니다. 방데를 무찌르면 영국은 더는 됭케르크를 점령하지 못합니다." 7주 후인 9월 28일 그의 동료 콜로 데르부아는 완전한 승리를 강조했고, 10월 1일에 바레르는 콜로의 주장을 되풀이해서 방데의 승리가 국내외 모든 적에게 확실히 이기는 길이라고 말했다.

방데의 난을 공화국이 안은 모든 문제의 상징으로 승격시킨 결과는 곧 분명해졌다. 대체로 9월 한 달간 군대는 고전했지만 10월 16~17일에 숄레 북쪽 바깥에서 36시간 전투를 벌여 처음으로 돌파구를 열었다. 사제·여성·아동까지 합쳐서 6만에 달하는 반군은 루아르 강을 건너 북쪽 그랑빌 항구를 향해 도주했다. 그들은 목적지에 도착하면 영국 해군의 지원을 받을 것으로 기대했다. 그러나 그들은 그랑빌을 점령하지 못했고, 영국 해군은 그들이 도착했다는 사실도 파악하지 못했다. 그래서 그들은 뿔뿔이 남쪽으로 물러나야 했다. 굶주림과 병으로 많은 수를 잃고 12월 12~13일에 르망에서 패배한 뒤 나머지는 루아르 쪽으로 되돌아가다 12월 21일 사브네 전투에서 전멸했다. 공화국군 사령관 웨스테르만은 이 전투를 '끔찍한 학살'이라고 불렀다.▶163 그러나 학살은 이제 시작일 뿐이었다. 군사령관이나 파견의원들이 설치한 군사위원회가 [1793년] 3월 19일 법을 적용해서 포로 수천 명을 처형했다. 이 법은 모든 반도를 붙잡으면 24시간 안에 처형하도록 명령했다. 피고에게는 변호사의 도움을 받을 권리가 없었고, 군 장교와 지역 민간인이 판사로 나섰으며, 군사위원회의 보고서만이 사건의 성격을 규정하고 즉시 판결을 내릴 근거 자료였다. 대부분의 군사위원회는 각각 다른 군부대 소속이었고, 그것을 설치한 판사나 파견의원의 이름으로 불렀다. 브뤼튀스와 프레 위원회는 렌, 파랭과 펠릭스 위원회는 투르, 비뇽 위원회는 르망·누아르무티에·낭트, 프루스트와 프랑카스텔 위원회는 앙제, 보클레 위원회는 라발에서 각각 활동했다. 모든 처형이 합법이었고, 의심할 여지없이 희생자는 거의 전부 무장 반도였다. 1794년 초에 라발의 보클레 위원회는 4,354명, 투르의 펠릭스 위원회는 1,160명, 프루스트 위원회는 앙제와 그 부근에서 약 5,000명, 누아르무티에의 비뇽 위원회는 1,250명을 처형했다.[107], [165]

　낭트의 사망률은 이미 최고치를 기록했다. 11월과 12월에 그곳의 반란을 진압하고 수천 명의 반도를 감옥에 빼곡하게 넣었는데 질병까지 휩쓸었다. 혁명법원, 그리고 르누아르와 비뇽의 두 개 군사위원회가 11월에 그들을 재판하는 법정을 열었다. 그때부터 이듬해 4월까지 혁명법원과 르누아르 위원회는 520명, 비뇽 위원회는 3,000명 이상에게 사형을 내렸다. 시내에서 많은 사람을 죽이는 모습을 보여주지 않고 전염병도 막기 위해 수형자들을 도시 바깥 채석장으로 끌고 가 총살했다. 12월 23일부터 26일까지 단 나흘 동안 661명을 총살했는데, 17세 소녀도 몇 명 있었다. 12월 29일부터 1794년 1월 19일 사이에 1,900명을 총살했고, 하루 평균 80명 이상을 죽인 셈이었다. 게다가 수천 명 이상을 재판도 하지 않고 루아르 강에 '수장noyades'했다. 이러한 사실은 비밀로 감추었고 어떠한 기록도 남기지 않았다. 그러나 그 지방 혁명군인 '마라 부대'가 파견의원들 가운데 핵심 인사인 장 바티스트 카리에Jean-Baptiste Carrier(1756-1794)의 동의를 받아 수장했다. 카리에는 수형자들이 유죄였고 감옥이 너무 붐벼서 빨리 처형할 필요가 있었다고 주장했다. 그래서 밤에 그들을 결박하고 배에 태워 루아르 강으로 몰고 가서 침몰시켰다. 며칠 뒤 시신들이 강 하류 둑에 걸렸다. 11월 16일에 처음 수장할 때 사제 90명을 포함했고, 이듬해 1월 중순까지 적어도 일곱 번이나 더 수장했다. 앙제·앙스니·퐁 드 세에서도 비슷한 횟수로 좀더 적은 인원을 수장했다. 가장 믿을 만한 연구들을 종합해보면 11월 중순부터 이듬해 1월 말까지, 여섯 번에서 열한 번에 걸쳐 1,800명에서 4,860명까지 수장했다. 전체의 과정에서 카리에는 구국위원회에 자기가 한 일을 보고할 때, 신중히 '수직 처형', '민간 세례', 또는 '물길로 낭트 보내기'라는 표현을 써서 두려움을 완화했다. 구국위원회가 공식적으로 답변한 기록은 없지만, 승인했다고 추정할 수 있다.▶99

'수장'은 가학적 (그리고 대개는 두려움에 휩싸인) 투사들이 저지른 일이었고, 구국위원회가 (적극 권장하지 않았다 해도) 묵인해준 사건이었다. 그러나 그 후 몇 주 안에 더욱 나쁜 일이 일어났다. 사브네에서 승리했지만 군 지휘관들과 파견의원들은 아직 전쟁이 끝나려면 멀었다는 데 공감했다. 유격대 집단들은 여전히 숲에 숨어 있었고, 농민과 〔루아르 강 북쪽에서 활동하고 우두머리의 별명인 '올빼미'를 뜻하는〕 '슈앙chouans'이라는 범죄 집단이 브르타뉴 지방에서 활발히 저항했다. 12월 말 〔서부군〕 사령관 루이 마리 튀로 장군Louis-Marie Turreau de Lignières〔1756-1816〕은 병력을 반군 지역에 저인망처럼 투입해서 반도 잔당을 모두 죽이고 건물과 작물을 초토화하겠다는 계획을 구국위원회에 보고했다. 구국위원회는 답장을 하지 않았지만 파견의원들의 행동으로 보아 분명히 그 전략을 지지했다. 그래서 튀로는 1월 20일에 2,000~3,000명의 병력을 12개 중대로 편성해 반군 지역으로 보내면서 모든 작물과 집을 태우고 가축과 설비를 파괴하고 지나는 길에 만나는 성인 남성을 모조리 죽이라고 명령했다. 군대의 기강이 형편없고 그동안 그들이 정신적 상처를 입었음을 감안할 때, 굉장한 규모의 강간·약탈·살인·파괴를 자행했음은 당연하다. 마을마다 흔적도 없이 타버리고 민간인 수천 명이 산 채로 불타거나 총과 칼에 목숨을 잃었다. 정확히 얼마나 죽었는지는 알 수 없다. 그러나 군사작전은 오히려 지방의 저항을 키웠다. 어차피 잃을 것이 없다고 생각한 희생자들이 필사적으로 덤볐기 때문이다. 게다가 일주일이면 끝날 줄 알고 시작한 토벌작전은 국민공회가 4월 말에 정지시킬 때까지 질질 끌었다.[163]

방데의 진압이 얼마나 잔인했는지는 언제나 논란거리였고, 그것이 세속적 공화국과 압도적으로 다수인 가톨릭 주민 사이에 일어난 일이라는 사실은 혁명과 반혁명, 교회와 국가, 왕당파와 공화주의자의 갈등을 상징적 주제로 만든다. 이 주제는 19세기와 20세기 프랑스 전체를 관통하는 공통의 줄거리를 형성한다. 최근에 그 갈등을 일종의 '계획적 집단학살genocide'[또는 민족말살]로 고발하는 견해도 있다. 새 공화국은 한 지역의 모든 가톨릭 인구를 파문의 대상으로 보고 절멸시키는 계획을 실천했다는 뜻이다. 이미 그 갈등이 끔찍한 결과를 낳았지만 굳이 '계획적 집단학살'이라는 말을 쓴 것은 너무 지나치다. 방데 주민은 분명한 민족 집단이 아니었고, 완전한 절멸 정책을 세운 적은 한 번도 없었기 때문이다. 군 지휘관들에게 국민공회가 내린 명령은 반란 가담자를 죽이되 노인·여성·아동을 다른 곳으로 피난시키라는 것이었다. 지휘관들이 명령을 무시하고 병력이 마구 날뛰면서 잔인한 결과가 발생했지만, 그 행위에 새로운 면은 없었다. 17세기 30년 전쟁과 그 후 1789년까지 여러 차례 군사원정에서도 그 같은 잔인한 행위는 발생했다. 또 케냐·베트남·알제리·이라크처럼 군대가 마음대로 법을 주무르던 나라에서 20세기에 일어난 식민지 해방전쟁에서도 발생했다. 그러나 민족말살이나 유대인 대학살holocaust은 다른 규모에서 잔인한 행위였다. 방데 전쟁에서는 인구 전체를 완전히 절멸시키는 정책이나 행위가 전혀 나타나지 않았고, 목표로 삼을 만한 특별한 민족 집단도 없었다.[89]

연방주의 타파

연방주의 반란을 진압하는 과정은 더욱 너덜너덜했다. 마르세유는 잠시 공격을 받고 8월 25일에, 리옹과 보르도는 10월에 손

들었다. 툴롱은 12월 19일에 되찾았다. 도시는 전략적으로 국가안보에 진정한 위험을 안고 있었기 때문에 진압의 강도가 가장 가혹했다. 마르세유가 8월 말 항복한 뒤 혁명 형사법원에서 이듬해 봄까지 289명에게 사형을 내렸다. 그리고 군사위원회가 123명을 추가로 처형했다.[183] 툴롱에서는 더 많이 처형했다. 그곳은 공화국의 지중해 해군기지였고 반도들이 영국 해군을 끌어들였을 뿐 아니라 영국 왕 조지 3세에게 충성한다고 선언했기 때문이다. 툴롱 공격이 끝나고 한 주 안에 주모자 700명을 재판도 거치지 않고 총살했으며, 군사위원회는 2월 말까지 추가로 283명을 처형했다.[110] 만일 영국 함대가 물러날 때 반도 수백 명을 도피시키지 않았다면 더 많이 죽었을 것이다. 그러나 리옹의 처형률이 더 높았다. 파리의 자코뱅파는 리옹을 지배하는 부유한 비단 상인들이 1789년부터 여러 차례 반혁명 음모의 중심 역할을 했다고 보았다. 그들은 연방주의를 이끄는 리옹을 보면서 부와 반혁명이 자연스럽게 동맹을 맺는다고 확신했다. 그래서 구국위원회와 국민공회는 다른 곳에서 저항을 고려하는 자에게 건전한 경고를 하는 차원에서 리옹의 연방주의자들을 처벌하기로 결심했다. 리옹이 항복하자마자 국민공회는 그 이름을 '해방시'로 바꾸고, 부자들의 집을 모두 파괴하며 폐허의 중앙에 기념탑을 세우고 "리옹은 자유에 대항해 전쟁을 일으켰다. 리옹은 이제 없다"라는 글귀를 새겨 넣었다[161] / 6 리옹을 공략

할 때 파견의원은 구국위원회 위원 조르주 쿠통Georges Auguste Couthon[1755-1794]이었다. 그가 파리의 동료들에게 보낸 편지는 당시 수많은 자코뱅파가 리옹 주민을 얼마나 경멸했는지 고스란히 보여준다. **"이곳 사람들은 참으로 어리석습니다. 론 강과 손 강의 안개가 공중에 수증기를 만들어 그들을 얼간이로 만들었다고 생각합니다."** 그는 '수증기'를 흩어버리려고 인민재판을 실시해서 6주 동안 연방주의자 113명을 처형했다. 그러나 구국위원회는 그 이상을 원했기 때문에 그보다 더 과격한 콜로 데르부아를 파견했다. 콜로는 안보위원회의 조제프 푸셰Joseph Fouché[1759-1820]의 도움을 받았다. 두 사람은 혁명위원회를 설치하고 11월 말부터 이듬해 4월까지 1,673명에게 사형을 언도했다. 도 형사법원은 213명을 추가로 처형하라고 명령했고, 그렇게 해서 희생자는 모두 1,800명 이상이었다. 대부분을 단두대나 총살로 처리했지만, 12월 초 두 사람은 절차를 더 빨리 진행하고 [사태의 심각성을 인지하지 못한 채] 무덤덤한 주민들에게 충격을 주기 위해 군대에 명령을 내려 대포로 한꺼번에 처형했다.

---

6 1793년 10월 12일에 국민공회 의원들은 6개조 법안을 가결했다. 리옹의 반도를 모두 처형하고, 부자들의 무기를 빼앗아 그들에게 박해받은 주민에게 나눠주며, 리옹의 존재를 없애고 이름을 '해방시Ville-affranchie'로 바꾸며, 기념탑을 세운다. 그러나 파견의원은 '해방시' 대신 '해방코뮌Commune-affranchie'으로 불렀다.

12월 4일 이른바 '기총사격mitraillades'으로 60명을 죽이고 이튿날 211명을 죽였지만 대학살은 형편없는 결과만 낳았다. 수십 명을 죽이지 못하고 부상만 입혔기 때문에 결국 손으로 목숨을 끊어야 했다. 병사들은 불평하고, 장교들은 항의했으며, 곧 〔대량학살의〕 실험을 포기했다. 그 후 네 달 동안 사격부대와 단두대가 계속 처형을 도맡았다. 4월 16일에 마지막 희생자는 집행인 자신인 리페르Ripert〔농부 출신〕였다. 지난 〔1793년〕 7월 연방주의자 시정부에서 일하던 그는 자코뱅 지도자 마리 조제프 샬리에 Marie Joseph Chalier〔1747-1793〕를 처형할 때 단두대를 잘못 설치해서 세 번이나 칼날을 떨어뜨리고도 목을 치지 못하자 결국 칼로 임무를 완수할 만큼 무능했다. 더욱이 그는 처형 후 샬리에가 대머리였기 때문에 머리카락이 아니라 귀를 잡아 군중에게 보여주었다. 자코뱅파는 그의 행위를 용서할 수 없었고, 리페르가 처형 임무를 모두 수행한 뒤에는 마땅히 그가 단두대에 오를 차례가 되었다.[117], [161], [162]

'수장'이나 '기총사격' 같은 사건은 무정부주의나 가학적 성향의 파견의원들이 아무런 통제도 받지 않고 저지른 사건이었다고 단언하기 어렵다. 구국위원회는 낭트와 마찬가지로 리옹에서도 무슨 일이 일어나는지 계속 보고를 받고서도 아무런 반대도 하지 않았다. 분명히 구국위원회는 연방주의자를 반혁명의 과업에 매달리는 역적이며, 공화국을 위험하게 만들고 스스로 '문명사회'의 밖으로 나가버린 자들이라고 보았다.[162,][164] 그러나 낭트·툴루즈·리옹 같은 수준의 잔인한 처형은 일반적이라기보다 예외였다. 대다수는 합법적으로 설립한 법원에서 적법 절차를 따랐기 때문이다. 파견의원들은 어느 정도 자유재량권을 가지고 있었기 때문에 대부분의 경우 탄압의 강도는 비교적 약했다. 연방주의 반란을 7월 중순에 진압한 노르망디에서는 파견의원 장 바티스트 로베르 랭데(Jean-Baptiste Robert Lindet[1746-1825])가 그 지방 출신으로서 유화정책을 썼다. 반란에 직접 가담한 행정관 두 명만 처형하고 나머지는 잠깐 투옥하거나 무죄 방면했다. 보르도 파견의원 클로드 알렉상드르 이자보(Claude-Alexandre Ysabeau[1754-1831])는 그곳 상인 지도층의 마음에 들려고 애썼고, 그의 동료 장 랑베르 탈리엥(Jean-Lambert Tallien[1767-1820])은 애인인 테레자 카바뤼스(Thérèsa Cabarrus[1773-1835])의 영향을 받았다. 테레자는 탈리엥을 이용해서 가문의 안전을 보장받았다. 이자보와 탈리엥은 "가난한 사람들에게 너그럽고", "식자층 부자들에게 엄격하겠다"고 약속했지만, 그들이 설치한 군사법원에서는 그해 말까지 오직 연방주의자 지도자 104명만 처형했다.[124] 구국위원회의 매파인 루이 앙투안 드 생쥐스트(Louis Antoine de Saint-Just[1767-1794])는 11월과 12월 알자스의 군대를 강화하는 임무를 수행하면서 50여 명만 처형했다.[131]

따라서 [우리가 공포정의 폭력성을 균형 있게 파악하려면 특정 지역의 높은 처형률만 보지 말고〕 1793년 마지막 몇 달 동안 다른 지방에서는 별다른 폭력 사례를 찾아볼 수 없었다는 사실도 고려할 필요가 있다. 파견의원들은 임무를 수행하고 반혁명 혐의자들을 체포했지만 모두 처형하지는 않았다. 〔파견의원이 임무를 수행하는〕 통상적인 형식을 보면, 도청 소재지에 도착하자마자 그곳 자코뱅 클럽과 연락해서 정치세력의 기본 정보를 얻고, 필요한 경우에는 도 행정관들을 숙청하고 가장 최근에 반포한 법을 시행했다. 그들은 대개 식품 공급, 최고가격제 강행, 부자에게 강제 기채, 구빈사업, 공화국 지원 독려 따위의 임무를 수행했다. 분명히 다듬기 전의 금강석 같은 파견의원도 있었고, 지지자들의 패거리를 거느리고 다니면서 혐의자들을 다수 투옥하는 권력 과시형 인물도 있었다. 그러나 그들은 대개 특별한 경우였다. 구국위원회가 파견의원의 활동을 일일이 감독할 시간이 없었기 때문에 그들은 그만큼 자유롭게 행동했던 것이다. 그러나 그 자유는 곧 사라질 것이다.▸132

구국위원회 강화

1793년 후반에 구국위원회는 제1차 대프랑스 동맹과 전쟁을 잘 이끈 덕택에 성공했다. 구국위원회가 신뢰를 얻은 것은 대부분

라자르 카르노 덕이었다. 그는 군 장교였다가 8월에 구국위원회 위원으로 뽑혔다. 그는 신중하게 전략을 세워야 승리한다고 믿는 군사전문가였지만 처음에는 전쟁장관 장 바티스트 노엘 부쇼트Jean-Baptiste Noël Bouchotte(1754-1840)와 힘겹게 싸웠다. 부쇼트는 경험과 판단력보다 열정이 더 중요하다고 믿는 젊은 급진파 수십 명에게 중요한 직책을 맡겼기 때문이다.[100] 1793년 가을에 카르노는 알프스 산맥과 라인 강 전선을 안정시키고, 북동부 전선에서 오스트리아와 영국에 공세를 취하는 전략을 짰다. 장 니콜라 우샤르 장군Jean Nicolas Houchard(1739-1793)은 9월 6일 됭케르크에서 영국군의 공격을 물리쳤다. 그러나 그는 승리한 후 계속 만족할 만한 성과를 내지 못했다는 죄로 처형당했다. [프랑스군은] 10월 16일 오스트리아 주력부대를 와티니Wattignies에서 무찔렀다. 구국위원회 대표로 알자스에 파견된 생쥐스트는 오스트리아와 프로이센의 침략에 맞서 저항세력을 통합하고 강력한 처방으로 라인군의 기강을 한껏 강화했다. 그는 스트라스부르에서 군 장비를 징발하고 부자들에게 보급품 비용을 강제로 걷었다. 그리고 라자르 오슈Lazare Hoche(1768-1797)와 샤를 피슈그뤼Charles Pichegru(1761-1804) 장군들의 경쟁관계를 정리해주고 연말까지 오스트리아와 프로이센군을 물리쳤다.[51, 140]

구국위원회의 전략이 성공하자 그 지위도 확고해짐에 따라 국민공회는 보상책으로 위원회의 힘을 강화해주었다. 10월

10일 국민공회는 "평화 시기가 올 때까지 혁명정부" 체제를 유지한다는 법을 통과시켰다. '1793년 헌법'은 전쟁이 끝날 때까지 효력을 정지하는 한편, 구국위원회는 장관들과 중앙정부의 모든 부서를 감독하고 장군을 지명할 권한을 행사하며, 행정부서의 권한이 중첩되어 효율성이 떨어지는 폐단을 바로잡고 행정관을 임명하는 권한까지 장악했다. 그러고 나서 구국위원회는 행정 체계를 근본적으로 재편하는 계획을 마련했다. 그 결과, '프리메르 14일 법'(1793년 12월 4일 법)이 나왔다. 그것은 이름과 달리 실질적으로 '긴급헌법'이었다.[7] 이로써 도 행정권을 대부분 빼앗고, 디스트릭트와 시정부가 혁명법을 집행할 책임을 지게 했다. 구국위원회는 디스트릭트와 시정부를 감독할 특임집행관을 파견해서 열흘마다 관찰 결과와 문제점을 보고하게 했다. '긴급헌법'은 파견의원의 권한을 축소하고, 열흘마다 구국위원회에 보고서를 제출하며, 오직 법에서 정한 임무만 수행하도록 했다. 9월에 각지에 설립한 혁명군을 파리만 제외하고 모두 해산시켰다.[17], [173]

9월 초부터 3개월 안에 공화국은 혼돈 상태에서 비교적 안전

---

7 이 법의 정식 명칭은 '임시혁명정부법Décret sur le mode de gouvernement provisoire et révolutionnaire'이었다(더 자세한 내용은 178쪽 각주 참조).

1793년 6월 24일에 채택된 공화력 1년 헌법.

하고 안정된 상태로 돌아갔다. 그러나 그것은 12월에만 3,000명 이상 처형하면서 혹독한 희생을 치르고 얻은 결과였다. 구국위원회와 파견의원들은 연방주의와 방데가 혁명을 뒤집어엎고 구체제로 돌아가려는 국제 음모의 일부라고 확신했기 때문에 강경하게 대처했다. 그러나 연방주의와 방데 반란은 그들이 생각한 것과 달리 더 복잡한 배경을 갖고 있었다. 상당한 압력을 받고 있던 구국위원회가 저항의 진짜 이유를 파악하지 못했음에도 반란을 공화국 존속에 위협 요소로 본 것을 잘못이라 할 수는 없다. 그들의 과격한 반응은 최소한 일부라도 그러한 신념의 결과였다. 게다가 반도들도 특히 방데에서 야만적 행동을 했기 때문에, 그들만이 일방적으로 과격했다고 말하기는 어렵다. 내란이 공포정을 고조시킨 이유를 일부나마 설명해준다면, 상퀼로트도 국민공회를 압박해서 혁명법원을 강화하고, 반혁명 혐의자의 범위를 확장하고, 통제경제 체제를 강행하도록 만들었다는 점에서 공포정의 과정에 이바지했다. 1793년 가을에 대다수 의원은 온건한 유화정책이 더는 효과가 없다고 믿었기 때문에 국민공회도 공범이었다. 그들은 프랑스를 구체제로 되돌리려는 확고한 의지를 가진 국제 음모에 맞설 합법적인 정치무기야말로 공포정이라고 생각했다. 생쥐스트는 국민공회에서 10월 〔10일의 혁명정부〕 법의 취지를 설명하는 연설에서 공화국이 대응해야 할 내용을 정확히 짚었다. **"이제는 새 질서의 적들을 신중하게 대할 이유**

란 하나도 없습니다. (……) 우리는 역적뿐 아니라 [혁명에] 무관심한 자도 처벌해야 합니다. 공화국에서 소극적인 자를 모두 처벌해야 합니다. (……) 정의로 다스리지 못할 자들을 쇠[鐵]로 다스려야 합니다."▶140 그때까지 반도들에게만 쓰던 '쇠'와 총을 이제부터는 옛 친구와 동지들에게도 겨누게 될 것이다.

5

1793년 12월~ 1794년 4월, 파벌 타파

〔앞에서 살펴본 공화력 2년 프리메르 14일(1793년 12월 4일)의〕'프리메르 법'을 적용하는 데 여러 달이 걸렸다. 먼 곳까지 법을 전파하는 일이 겨울비와 눈이 내려 몇 주씩 늦어졌기 때문이다. 법이 도착했다 할지라도 파견의원은 그것이 자기 활동을 제한한다는 이유로 무시하기 일쑤였고, 일부 혁명군도 1794년 초 몇 달 동안 법을 무시한 채 활동했다.[107] 다른 의원보다 발랄하고 과격한 성격의 클로드 자보그 Claude Javogues〔1759-1795〕는 고향인 루아르 도로 파견되어 9월부터 부자에게 강제 기채하고, 혐의자를 체포하고, 행정관들을 겁주면서 임무를 수행했다. 그는 파리의 편지를 잇달아 받았지만 모두 무시하고 아무 일 없었던 듯이 하던 일을 계속했고, 심지어 혁명군을 새로 설치하기까지 했다. 결국 구국위원회는 참을 만큼 참은 뒤 2월 초 그를 소환했다.[156] 아무튼 구국위원회가 그나 다른 파견의원들을 파리로 소환한 것으로 보아 점점 지방의 공포정을 직접 통제해나갔음을 알 수 있다. 그러나 '프리메르 법'을 반포하고 조금 뒤인 12월 중순에 파리의 상황을 통제하기가 더욱 어려워졌다. 구국위원회의 권위를 위협하고 공포정의

미래에 전반적인 의문을 제기하는 논쟁이 불붙었기 때문이다. 관용파Indulgents로 부르는 온건파 집단이 이제 공포정을 완화하고 정상적인 헌정질서로 돌아가야 할 때라고 주장하면서 논쟁이 벌어졌다. 이 주장에 발끈한 급진파, 이른바 에베르파Hébertistes는 오히려 공포정을 강화해 반혁명의 뿌리를 영구히 뽑아야 한다고 주장했다. 두 파가 지난여름부터 시작한 갈등의 바람은 12월에 표면으로 올라왔고, 1794년 봄까지 사납게 휘몰아쳤다. 결국 구국위원회는 두 집단을 체포하고 처형해서 사태를 수습했다. 이로써 논쟁은 끝났지만 혁명기에 가장 카리스마 넘치는 정치적 인물이었던 에베르와 당통이 함께 제거되었다. 게다가 공포정의 무기가 내란과 외적이 아니라 정치비평가와 자코뱅파 동료에게로 향하기 시작했다.

지배자 열한 명

구국위원회와 안보위원회는 '프리메르 법'으로 권한을 강화했음에도 여전히 국민공회 소속 위원회였고, 위원들은 매달 새로 뽑혔다. 이론상 국민공회는 매달 말에 새 인물을 위원회에 보낼 수 있었지만 실제로 두 위원회가 성공하면서 위원들은 1794년 여름까지 안정된 지위를 누렸다. 1794년 봄에 구국위원회 위원 중

부패혐의로 처형당한 에로 드 세셸Hérault de Séchelles〔1759-1794〕
만이 예외였다.[1]

안보위원회는 치안과 국내 안보를 담당했다. 그것은 파리에
정보망을 가지고 국내의 모든 혁명위원회 활동을 감독하며, 체
포를 명령하고, 혁명법원에 제출할 소장訴狀을 준비했다. 위원
열두 명은 모두 경험 많은 정치가였고, 위원회는 파리에 설치
한 단두대로 보낼 희생자를 공급하는 일을 했다.[▶118] 그러나 구
국위원회는 국내 정치·전쟁·외교의 책임을 지고 더 막중한 일
을 했다. 위원회가 내린 결정은 대개 존속하고 포고되었지만, 실
제로 위원회는 따로 회의를 열지 않았기 때문에 우리도 어떻게
일하는지 별로 알지 못한다. 구국위원회가 해체한 뒤에 살아남
은 위원들이 남긴 회고록도 조심스럽게 읽어야 한다. 그들은 위
원회의 과도한 행동에 자신들이 책임질 일은 없다고 하면서 그
대신 죽은 동료들을 탓했기 때문이다. 우리는 구국위원회가 공
식 의장을 두지 않고 집단적 단위로 활동했다고 알고 있다. 그러
나 위원들은 자신에게 필요한 분야나 자기 전문 분야의 업무를
배정받았다. 그들은 동료들에게 결과를 보고하고, 위원회에 참

---

1   1794년 3월 15일에 관용파를 체포할 때 당통과 친했던 에로 드 세셸도 함께 붙잡아
4월 2일(제르미날 13일)에 혁명법원에 세웠다.

석한 위원들의 집단 동의를 받아 결정을 내렸다.▶173 공포정 시기에 활동한 열한 명 가운데 라자르 카르노는 군 장교였다가 혁명 초에 정치에 발을 들여놓았다. 그는 평민이었기 때문에 승진길이 막혔던 것이다. 그는 1794년 가을에 북동부의 전쟁 지대를 잠시 방문한 때를 빼놓고 대부분 파리에 머물면서 군사작전을 지휘했다. 그는 정치 문제에 대해 공개적으로 발언하는 일이 거의 없었고, 영향력 있는 자코뱅 클럽에는 한 번도 가입한 적이 없었지만 구국위원회의 결정에는 다른 회원보다 더 많이 서명했으며, 공포정을 전쟁에 이기는 길이라 믿고 크게 이바지했다. 프리외르 드 라 코트 도르Prieur de la Côte d'Or는 병사 출신으로 [1793년 8월에 구국위원회 위원이 되어] 카르노와 함께 일하면서 무기 생산과 군 장비 보급에 힘썼다. 전쟁을 담당한 위원들은 파리에서 자주 군부대나 해군기지로 출장을 갔다. 위그노 목사 출신인 장봉 생탕드레Jeanbon Saint-André [1749-1813]는 해군 책임자로 툴롱과 브르타뉴에서 장기 체류했다. 프리외르 드 라 마른 Prieur de la Marne [1756-1827]은 브르타뉴와 방데에 체류하면서 방데 반란을 진압한 후 질서 회복에 힘썼다. 생쥐스트는 구국위원회의 가장 젊은 위원으로 26세였으며 대개 파리에 머물렀지만, 1793년 11월과 12월에 알자스의 랭군軍[라인군]에서 임무를 수행했고 1794년 1월과 2월에, 그리고 4월부터 6월까지 북부군에서 임무를 수행했다.▶139

나머지 위원들은 대부분 파리에 머물렀다. 남서부 끝에 있는 타르브의 변호사 출신인 베르트랑 바레르는 말을 잘했기 때문에 국민공회에서 구국위원회의 수석대변인 노릇을 했다. 그는 할 말을 고심해서 제조하는 재능을 활용해 열정적으로 일했고, 육해군 문제부터 사회안보와 교육에 이르기까지 다양한 주제의 보고서 150여 편을 썼다. 어느 날 로베스피에르는 그에 대해 이렇게 말했다. **"우리가 무슨 일을 해야 한다고 말하면, 바레르는 벌써 그 일을 맡겠다고 나선다. 그는 모든 것을 알고, 할 수 있다."**[▶127] 로베스피에르는 구국위원회의 정책 토론에서 중심 역할을 했고, 자코뱅 클럽과 국민공회에서 그 정책들을 옹호했다. 북동부의 아라스 출신 변호사인 그는 1789년 전국신분회 대표로 뽑혔고, 급진파 민주주의자로 급부상했으며, 고결한 성품 덕에 '청백리incorruptible'라는 별명을 얻었다. 그는 독신이었고 구체제 변호사의 옷차림인 프록코트frock coat를 입고 가발을 쓰고 다녔음에도 완벽한 청렴성을 인정받아 상퀼로트와 지방 자코뱅파 사이에서 인기를 끌었다. 그러나 그는 인기에 연연하지 않았다. 그는 1791~1792년의 겨울, 대부분의 자코뱅파가 지롱드파의 전쟁 정책을 열렬히 지지했을 때 홀로 반대했다. 그는 루소의 덕과 일반의지에 바탕을 둔 정책을 제시하는 재능을 가졌지만 1793년 7월 말 구국위원이 되었을 때부터 그 재능은 쓸모없다는 사실이 금세 드러나기 시작했다. 그는 일사불란한 정치적 동물로서 [루소 사상을 이용해서] 동료들을 하나로 뭉치게 만들고 그들이 불화를 일으킬 때 화합하게 만들려고 열심히 일했다. 그러나 시간이 흐르면서 그는 자신에게 동의하지 않는 사람을 반혁명 음모에 가담하지 않았는지 의심하기 시작했고, 결국 이 때문에 구국위원회에서 외톨이가 되고 공포정을 무너뜨리는 원인을 제공했다.▶137, ▶152 구국위원회의 나머지 위원 중에서 비요 바렌과 콜로 데르부아는 9월에 상퀼로트의 압력이 드세진 결과로 비교적 늦게 합류했다. 비요는 변호사로서 파리의 여러 구와 자코뱅 클럽에서 정치 활동을 했고, 콜로는 배우로서 비요와 비슷한 경력을 가졌다. 둘 다 파리에서 국민공회 의원으로 뽑히고 파리의 상퀼로트 활동가들과 힘을 합쳤다.▶103, ▶160

구국위원회의 위원 열한 명은 모두 비교적 중산층 출신이지만 정치적 성향은 달랐다. 로베스피에르와 생쥐스트는 민주주의자였지만 루소의 영향을 받아 정치를 도덕적으로 고찰하고 공포정을 실시해서 프랑스를 애국심과 시민의 덕을 바탕으로 한 이상주의적 민주국가로 변화시킬 수 있다고 생각했다. 카르노·생탕드레·바레르·랭데 같은 위원들은 실용주의자로서 공포정을 주로 전쟁에 승리하고 반혁명을 물리치는 길로 보았다. 그러나 그들의 전반적인 성공 비결은 궁극적으로 공화국의 모양새를 갖추는 일보다 공화국을 어떻게든 존속시키려고 함께 헌신했다는 데 있었다. 그 결과, 그들이 함께 일하던 거의 열두 달 동안 일부는 지방에서, 다른 이들은 튈르리 궁의 구국위원회 사무실에서 대부분의 시간을 보냈다. 지방의 파견의원이나 정부 관리들과 통신하는 데 대부분의 시간을 썼지만 군사작전을 세우고 정책을 결정하고 법안을 기초하는 일이 제일 중요했다. 날마다 이른 아침부터 늦은 밤까지 회의를 열고, 자코뱅 클럽과 국민공회에 정기적으로 들르면서 혹독한 일과를 수행했다.

에베르파와 탈기독교 운동

1793년 후반 몇 주 동안 구국위원회는 군사적 성공을 거두었지만, 민중에게 인기 있는 급진파 신문발행인 자크 르네 에베르가 이끄는 집단은 몇 달 동안 점점 드세게 그들의 권위에 도전했다. 에베르는 국민공회 의원이 아니었지만 코르들리에 클럽과 자코뱅 클럽의 회원이자 파리 코뮌 위원이었으며 전쟁부의 급진파 활동가들과 같은 편이 되었다. 그가 발행하는 『뒤셴 영감』은 입정 사나운 난로 장인의 눈으로 정치를 묘사하면서, 상퀼로트 핵심 독자층의 범위를 훨씬 넘어서 전국의 독자층을 확보했다. 에베르는 이념적으로 일종의 기회주의자로서 여름에 상퀼로트가 요구하는 경제적 통제와 한층 심한 공포정을 지지함으로써 〔과격파〕 앙라제를 무력화하려는 목적으로 좌파로 옮겼다. 그는 9월

5일 국민공회에 상퀼로트가 난입한 결과 더 큰 영향력을 갖게 되었지만, 구국위원회와 국민공회는 그 뒤 몇 주 동안 급진적 영향력의 싹을 잘라내 자기네 권위를 위협하지 못하게 하려고 열심히 노력했다. 파리 구민의 총회는 일주일에 2회로 줄이고 가난한 사람들에게 수당을 지급해 출석을 장려했다. 그들이 회의에 참석해서 투사들의 영향을 약화시켜주기를 바랐기 때문이다. 각 구의 혁명위원회는 파리 코뮌의 감독을 받게 되었다. 파리 코뮌은 이제 혁명위원의 자격을 엄격히 심사하고 극단주의자를 제외할 권한을 가졌다. 반혁명 혐의자법은 혁명위원회의 권한을 제한해서 안보위원회의 승인을 받아야만 혐의자를 체포할 수 있게 했다.▸186

영향력 있는 과격파 집단 앙라제도 조용하게 만들었다. 카리스마 있는 사제 자크 루는 불분명한 혐의로 9월 5일에 붙잡혔고 나중에 감옥에서 자살했다. 앙라제에 속한 장 프랑수아 바를레 Jean-François Varlet[1764-1837]도 붙잡혔는데, 그는 나중에 석방되었을 때 모든 정치에서 발을 빼기로 결심했다.▸182 또 하나의 급진파 집단 '여성공화주의자혁명협회'도 폐쇄 처분을 받았다. 협회 창설자인 클레르 라콩브 Claire Lacombe[1765-1826]는 9월 중순에 파리 중앙시장[레알 시장]의 아낙네에게 애국심의 징표로 삼색 표식을 달게 하자는 운동을 벌였다. 상인들은 최고가격제의 영향으로 장사를 망쳤기 때문에 이 운동을 달가워하지 않았다.

과격파 집단 앙라제가 생필품 투기꾼의 창고를 약탈하다.

그래서 그들은 거리에서 라콩브를 공격했을 뿐 아니라 협회 회의에도 난입했다. 국민공회 의원들 역시 이 단체가 앙라제와 함께 행동하는 것도 싫었고, 또 여성이 정치판에서 활동하는 것도 싫었기 때문에 그들이 일으킨 소동을 안보위원회에 회부했다. 안보위원회는 남녀의 차이를 근거로 여성의 정치 클럽을 모두 폐쇄하라고 권고하는 보고서를 제출했다. 여성은 가정에서 자녀를 기르고 남편을 도와야 하지만, 남성에겐 사내다움과 공정성이 있기 때문에 정치 영역에 적합하다고 주장했다. 국민공회는 그 권고를 만장일치로 받아들여 공포정 기간에 여성의 정치참여를 금지했다. 일부 여성은 지역 구민회의에 계속 나갔지만 적극적인 활동을 하지 못하고 참관만 했다.[87, 145]

그러나 급진파는 10월과 11월에도 탈기독교 운동 때문에 여전히 막강한 영향력을 행사했다. 혁명과 가톨릭교회의 관계는 1791년 성직자 시민헌법을 제정한 이후 확실히 내리막길을 걷고 있었다. 1793년 여름, 입헌교회가 대중의 지지를 받지 못하자 시민헌법을 받아들인 사제들도 의심을 받았다. 그때쯤 거의 모든 자코뱅파와 상퀼로트는 기독교에 대한 믿음을 잃었고, 그 대신 혁명정신을 새로운 종교로 보기 시작했다. 그것은 대체로 가톨릭교의 심상을 공화주의적 의미로 바꾸는 것을 뜻했다. 마라가 7월 중순에 살해되었을 때, 그의 심장을 코르들리에 클럽 천장에 매달아놓고 그의 '성심'을 찬양하는 기도를 올렸다. 몇 주 안에 그는 (1793년 1월에 루이 16세의 사형에 투표했기 때문에 살해당한 의원) 펠릭스 르펠티에, (7월 중순 리옹에서 연방주의자의 손에 처형된 자코뱅 지도자) 샬리에와 함께 혁명의 '순교자' 3인방에 올랐다. 가을에는 그들을 기리는 종교행사에서 기독교 전통 가치인 죄와 속죄 대신 세속적 가치인 덕과 애국심을 찬양했다. ▶105, ▶189

국민공회는 10월 초 전통적인 기독교 달력을 새로운 '혁명력'으로 바꾸기로 결정하면서 세속적 가치에 믿음을 부여했고, 예수 탄생이 아니라 (1792년 공화국을 수립한 날을 기념해) 9월 21일을 새해 첫날로 정했다. 새 달력을 적용하는 목적은 분명히 정치적이었다. 의원들은 왕정과 기독교의 과거 기억을 모두 씻어내고 자연계와 세속적 덕성의 새로운 공화주의 정신을 창조하기 원했다. 그래서 1792년 9월 22일부터 1793년 9월 21일까지 공화력 1년, 그다음 열두 달을 공화력 2년으로 불렀다. 열흘을 한 주, 3주를 한 달로 정했으며, 계절에 맞게 달 이름을 붙였다. 그래서 9월 21일부터 10월 20일은 (포도 수확을 뜻하는) 방데미에르 Vendémiaire[포도의 달], 다음은 (안개를 뜻하는) 브뤼메르, (서리를 뜻하는) 프리메르, (눈을 뜻하는) 니보즈, (비를 뜻하는) 플뤼비오즈, (바람을 뜻하는) 방토즈, (씨앗을 뜻하는) 제르미날, (꽃을 뜻하는) 플로레알, (초원을 뜻하는) 프레리알, (수확을 뜻하는) 메시도르, (더위를 뜻하는) 테르미도르, (과일을 뜻하는) 프뤽티도르로 정했다. 날마다 첫날primidi, 둘째날duodi, 셋째날tridi 등 10진법을 적용한 이름과 함께 동물, 식물, 농기구 이름도 붙였다. 열 번째 날décadi 은 휴일이고, 한 달 30일씩 열두 달을 보내고 마지막에 남은 닷새를 상퀼로티드〔상퀼로트의 날〕라 불렀다. 끝으로 윤년의 하루는 프랑시아드Franciade로 불렀다.[11], [102]

새 달력을 적용할 때는 지방에서 기독교를 물리적으로 공격하는 시기와 맞물렸다. 9월 알리에Allier 도道 파견의원 조제프 푸셰는 빵 값을 고정하고 제빵업자에게 '평등의 빵'을 한 가지만 생산하라고 명령해서 가난한 사람도 품질이 낮은 곡식으로 구운 빵에 속지 않도록 해주었다. 그는 부자에게 세금을 걷어 가난한 사람의 옷을 마련해주고, 박애위원회를 세워 실직자에게 일자리를 주고 병원과 구빈원을 감독하게 했다. 그달 말에 그는 이웃의 니에브르 도 중심지 느베르의 생시르 대성당에서 〔기원전 509년에 왕정을 끝내고 공화정을 열었으며 나라를 위해 두 아들을 처형한〕 로마의 영웅 브루투스Lucius Junius Brutus의 흉상을 세우는 행사를 성대히 열었다. 그는 종교인의 독신주의를 고발하고 사제들에게 공화국의 가치에 헌신하는 증거로 아이나 노인을 가족으로 받아들이라고 명령했다. 10월 10일에 그는 니에브르 도에서 기독교를 배척하고 공화국에 예배하라고 명령하고, 공동묘지의 〔종교적 성격을 지우고 세속성을 부여하기 위해〕 '죽음은 영원한 잠'이라는 문구를 입구에 써 붙이게 했다.[98], [102]

다른 곳의 파견의원들도 푸셰의 행동을 그대로 따랐다. 조제프 르키니오Joseph Lequinio[1755-1812]는 샤랑트 마리팀의 모든 교회를 폐쇄하고 예배 시간을 제한했다. 앙드레 뒤몽André Dumont[1764-1838]은 우아즈와 솜의 모든 교회를 폐쇄하고 사제들을 사임시켰으며, 필리프 륄Philippe Jacques Rühl[1737-1795]은 랭스 대성당에서 대관식에 쓰던 성유병을 깨뜨렸다.[90] / [2] 이러한 행위에는 다양한 동기가 뒤섞여 있었다. 푸셰 같은 이는 1789년 이전에는 종교인이었지만, 탈기독교 운동이 교단들의 과거를 청산하고 혁명의 세속적 이상에 헌신하는 행위임을 증명하는 길이라고 보았다. 다른 이들은 최고가격제를 회피하는 부농들에 맞선 투사들의 지지를 얻기 위해 반교권주의를 툭툭 건드리는 데 더 많은 관심을 쏟았다. 또 어떤 이들은 상퀼로트처럼 기독교를 미신, 사회적 통제, 반혁명과 똑같은 것으로 생각하면서 민중의 반교권주의 물결에 휩쓸렸다.

탈기독교 운동이 일어난 이유가 무엇이든 11월 초에는 파리에서도 일어났고, 에베르는 가장 열렬한 지지자가 되었다. 11월

---

2 5세기 말 프랑크 왕국의 클로비스가 가톨릭으로 개종할 때 하늘에서 성령이 비둘기로 변해 물어다주었다는 성유병을 가리킨다. 이때부터 성유병은 대관식을 거행할 때 왕을 신성한 존재로 만드는 축성식에 등장했다.

1793년 가을부터 휘몰아친 탈기독교 운동으로 조롱의 대상이 된 종교인들.

6일 국민공회는 파리의 모든 교회 문을 닫으라는 명령을 통과시켰고, 이튿날 파리 대주교 장 바티스트 고벨Jean-Baptiste Gobel〔1727-1794〕은 몇몇 사제와 함께 국민공회에 나타나 사제직을 내려놓겠다고 선언했다. 파리 교구의 사제 400명 이상이 그 뒤를 따랐고, 나흘 후 파리 코뮌은 노트르담 대성당을 '자유의 전당 Temple of Liberty'이라고 부르면서 거기서 자유의 제전을 열었다. 중심에 큰 '산'을 쌓고 꼭대기에 '철학의 전당'을 세웠다. '자유의 여신'이 적절한 순간 꼭대기에서 등장했는데, 신심이라고는 조금도 없는 것으로 유명한 오페라 가수가 그 역할을 맡았다. 그는 산을 내려와 전당에 모인 사람들을 이끌고 국민공회로 갔다. 국민공회에서 모든 사람이 이성에 귀의한다고 엄숙하게 선언했다.[149, 196] 지방에서도 비슷한 행사를 열었고, 그해 말에는 전국의 모든 교회가 이성의 전당이나 식량 창고, 감옥, 초석공장으로 바뀌었다. 이성의 제전은 반교권 행진을 거행하고 (혁명 전 전체 종교인의 거의 6분의 1인) 2만 명 이상이 사제직을 포기했다. 그중 일부는 신앙보다 신념을 으뜸으로 여겼기 때문에 그렇게 했다. 어떤 이들은 정치적 압력을 견디지 못해 포기했고, 또 어떤 이들은 생명의 위협을 느껴서 포기했다. 6,000명 이상이 공화국의 가치에 헌신한다는 증거로, 또는 기존의 관계를 조정하거나 박해를 피하려고 결혼했다. 최종 결과는 전국의 모든 곳에서 교회의 활동을 쓸어버린 것으로 나타났다.[69, 196]

관용파의 공세

탈기독교 운동이 강한 물결을 일으켰지만 구국위원회는 여전히 신심이 깊은 대다수 농민층을 혁명에서 멀어지게 만들 위험이 있고, 또 외국에서 프랑스의 명성에 영향을 미칠까 봐 두려웠다. 특히 스위스와 미합중국은 아직 혁명에 중립적 태도를 유지했고, 그 운동에 관여한 급진파의 진정한 동기가 심히 의심스러웠기 때문이다. 특히 로베스피에르는 무신론자와 반혁명가들이 모든 일을 조종하고 있지 않은지 의심했다. 수많은 자코뱅파처럼 그도 이제는 기독교도가 아니었지만 계몽주의자들처럼 이신론자deist였고, 최고존재가 우주를 창조하고 아직도 인간사를 지켜보고 있다고 믿었다. 그는 사후세계를 믿지 않았고, 악보다 덕을 실천하게 만드는 도덕성의 근거와 동기도 존재하지 않는다고 믿었다. 그는 탈기독교 운동의 정치적 면모도 싫어했다. 급진파가 중요한 역할을 했고, 게다가 에베르와 같은 동아리에 섞여 있던 수많은 외국인이 참여했기 때문이다. 그들은 오스트리아 외무대신[카우니츠Wenzel Anton Reichsfürst von Kaunitz-Rietberg]의 사생아 피에르 프롤리Pierre Jean Berthold de Proli[1752-1794], 포르투갈 태생의 유대계 [보르도 포도주] 상인 자콥 페레라Jacob Pereyra[?-1794], 네덜란드 상인의 아들로 급진적 정치에 깊이 관여한 [국민공회 의원] 아나샤르시스 클로츠Anacharsis Cloots[1755-1794]였다.[193]

로베스피에르와 구국위원회 위원들은 그들이 대부분 적국의 간첩이 아닌지 의심했으며 그럴 만한 이유가 있었다. [1793년] 10월 중순에 당통의 친구이자 [배우·극작가·시인으로 활동했으며] 혁명 달력을 발명한 필리프 프랑수아 파브르 데글랑틴Philippe François Nazaire Fabre d'Églantine[1750-1794]은 자기 동료 여럿이 재정과 정치적 부패에 관여했다고 안보위원회에 알렸다. 가을에 국민공회에서 대규모 국립무역회사인 동인도회사 문제가 불거졌다. 파브르는 회사 관련 하위위원회 소속 의원 몇 명이 뇌물을 받고 소수의 대주주에게 횡재를 안겨줄 목적으로 법조문을 날조했다고 말했다. 몇 주 뒤 11월 중순에 파브르가 지목한 의원들 가운데 한 명인 프랑수아 샤보François Chabot[1756-1794]가 로베스피에르를 찾아가 비슷한 주장을 하고, 탈기독교 운동 같은 문제에서 에베르를 지원한 급진파와 외국인 여럿이 혁명을 불안하게 만들기 위해 외국 돈을 받고 일하는 자들이라고 덧붙였다.▶138 샤보는 영국 수상 윌리엄 피트William Pitt the Younger[1759-1806]가 파리의 하수인 장 피에르 드 바츠 남작 Jean-Pierre de Batz[1754-1822]을 시켜 외국의 반혁명 음모를 조종했으며, 그 두 가지 요소가 부패와 극단적 급진주의라고 말했다. 아마 샤보는 동인도회사의 재정부패 사건에서 자기가 맡은 역할, 그리고 얼마 전에 부유한 오스트리아 상속녀와 결혼한 것을 둘러싼 소문에서 사람들의 관심을 돌리려고 이야기를 많이 지어냈을 것이다. 그러나 구국위원회가 그의 이야기를 반 이상 믿고 에베르에게 반역죄 혐의를 두기에 충분할 만큼 파리에는 구린내 나는 어두운 구석이 많았다. 그 결과, 12월 6일 로베스피에르는 국민공회에 종교의 자유 원리를 인정하도록 설득하면서 탈기독교 운동을 멈추고 더는 교회 문을 닫지 않도록 하는 법을 만들었다.

이미 수많은 교회가 문을 닫았고 사제들이 피신한 뒤에 나온 법이라서 별 효과는 없었지만 정치적 상황에는 영향을 끼쳤다. 관용파라는 의원 집단이 로베스피에르와 구국위원회의 탈기독교 운동에 대한 태도를 지지했기 때문이다. 당통은 (1793년 7월) 구국위원회에서 제거되었지만 여전히 자코뱅 클럽에서 영향력 있는 인사였다. 12월 초 (5일부터) 그의 동지인 카미유 데물랭Camille Desmoulins(1760-1794)은 신문 『비외 코르들리에Vieux Cordelier』³를 발간해 공포정을 끝내는 운동을 시작했다. 데물랭은 신문 이름을 신중하게 지었다. 그는 에베르파가 점령하기 전, 자기가 회원일 때의 코르들리에 클럽 정신으로 돌아가자는 바

---

3 공화력으로 한 주인 열흘에 2회, 즉 닷새마다 발행하는 신문이며, 원제목의 뜻은 '늙은', '고참', '원로'로 새길 수 있겠지만, 실제로 늙은이보다는 '초창기 회원'이라는 뜻이다. 발송자 부담으로 전국에 보급하는 이 신문은 3개월에 5리브르씩 받았다.

람을 담았다. 1호와 2호에서 그는 에베르와 전쟁부의 급진파를
콕 집어 정치적 극단론자로 공격했고, 3호에서는 탈기독교 운동
을 공격하고 공포정을 끝내자고 촉구했다.[92] 신문은 매진되었
고 파리의 모든 정치 클럽과 카페에서 대화에 불을 붙였다. 당통
은 그를 지지했고 오직 반혁명가로 알려진 사람들에게만 공포정
을 실시하라고 촉구했다. **"나는 공포정을 의사일정에 올리기 원
한다. 나는 자유의 적들을 더욱 엄혹하게 벌하기를 바라지만 오
직 그들에게만 벌을 내리기 바란다."**[136]

12월 17일 국민공회는 프랑수아 뱅상과 샤를 롱생을 체포하
라고 명령하면서 분위기가 바뀌었음을 보여주었다. 두 사람 모
두 에베르파 지도자인데, 전자는 전쟁대신의 비서장으로 급진파
활동가 수백 명을 전쟁부에 꽂았으며, 후자는 파리 혁명군이 리
옹에서 작전을 벌일 때 총사령관이었다. 사흘 후 국민공회는 '사
면위원회clemency committee'를 설치해서 모든 정치범의 혐의를
검토하고 결백한 사람을 석방하라고 명령했다. 이 단계에 이르
기까지 로베스피에르는 관용파 운동을 지지했던 것 같다. 그는
데물랭의 친구였고 2년 전 데물랭의 결혼식에도 참석했다. 그는
『비외 코르들리에』 1호와 2호를 인쇄하기 전에 읽고 데물랭도
에베르 주변의 극단적 급진파 활동을 비판한다고 믿었기 때문에
승인했던 것으로 보인다.

당파들의 제거

그러나 공포정이 전환점을 맞이한 것처럼 보일 때 두 가지 예상치 못한 사건이 일어났다. 12월 20일 콜로 데르부아가 리옹의 연방주의자 반란을 혹독하게 다루었다는 비난에 답변하려고 파리로 돌아갔다. 그것이 첫 번째 사건이었다. 콜로는 반혁명의 유일한 처방이 공포정이라고 확신했고, 곧바로 국민공회로 가서 롱생을 체포한 일을 비난하고 나서 자코뱅 클럽으로 가서 리옹의 '기총사격'이 정당했다고 옹호했다.[160] 로베스피에르는 콜로의 태도를 보고 놀랐다. 그는 구국위원회가 그 문제 때문에 분열할까 봐 걱정하고 곧 관용파 운동에 대한 지지를 철회했다. 그 대신 그는 12월 25일 자코뱅 클럽에서 「혁명정부의 원리에 대한 보고서」를 발표하면서 온건파와 과격파 모두 혁명의 적이라고 공격하고 공포정이 전쟁에 반드시 필요하다고 옹호했다. 그는 정상적인 공화국이라면 법치를 존중하고 개인의 자유를 보호해야 한다고 주장했다. 그러나 프랑스는 반혁명과 전쟁을 하고 있기 때문에 (국가안보라 불러야 마땅할) '공공의 자유'를 (개인의 자유인) '사적 자유'보다 존중해야 했다. 온건파와 과격파는 모두 자기 방식대로 혁명의 적이었고 공포정만이 그들의 성공을 막아줄 수 있었다. 혁명은 **"자유의 적들 앞에서 자유를 지키는 전쟁이었다. 혁명정부는 훌륭한 시민들 덕택에 국가를 온전히 보호할 수**

있다. 인민의 적들은 혁명정부를 죽음으로 몰아갈 뿐이다." 이튿
날 국민공회는 며칠 전에 설치했던 사면위원회를 해체하는 안을
가결했고, 그렇게 해서 공포정을 일찍 끝낼 수 있다는 모든 희망
은 사라졌다.▶139

　관용파를 수세에 몰아넣은 두 번째 사건은 1월 초 안보위원
회가 3개월 전에 동인도회사 법을 날조했다고 고발한 파브르 데
글랑틴도 그 사건에 연관이 있다는 사실을 알아낸 것이다. 안보
위원회는 파브르가 자기 죄를 감추려고 다른 의원들을 고발했다
는 결론을 내리고 곧 그를 체포하라고 명령했다. 이렇게 해서 그
때까지 일어난 사면운동이 부패를 적발하기 전에 공포정을 끝내
려는 목적을 가진 운동일 가능성을 생각하게 되었고, 안보위원
회는 온건파와 과격파가 공모해서 혁명정부를 뒤흔들고 혁명을
방해하려는 음모를 실행하고 있다고 확신했다. 1월 8일 로베스
피에르는 자코뱅 클럽에서 연설하면서 두 얼굴의 "새로운 정치
적 당파"를 고발했다. 그것은 공포정을 끝내자고 촉구하는 온건
파의 얼굴과 공포정을 강화하기 바라는 과격파의 얼굴을 동시에
가졌다.

　안보위원회가 파브르 사건을 조사하는 동안 구국위원회는
어느 당파에 대해서도 명백한 증거를 갖지 못했기 때문에 시간
만 질질 끌었다. 1월 중순 로베스피에르는 자코뱅 클럽에서 영
국 정부의 범죄를 논의하는 문제로 방향을 바꾸었다. 영국이 방

데의 반도들을 지원하고 그들의 첩자들이 영국 수상 윌리엄 피트를 공화국의 주적으로 만들었기 때문에 로베스피에르가 토론의 주제를 바꾼 일은 대대적인 성공을 거두었다. 영국을 두려워하는 연설이 거의 밤을 새워가며 꼬리를 물었다. 2월 초 로베스피에르는 자코뱅 클럽에서 공포정의 정당성을 역설했다. 그는 공화국이 시민의 덕 관념 위에 서지만, 덕이 전쟁 중의 공화국을 지켜주지는 못한다고 주장했다. 그래서 덕을 뒷받침하려면 공포를 이용해야 했다. 공포는 그 자체만으로는 위험하지만, 덕과 결합하면 공화국과 시민들의 이익을 증진시킬 것이다.[139]

그러나 파브르 사건을 조사하는 데 시간이 걸렸고, 안보위원회는 증거를 찾지 못했기 때문에 2월 초에 뱅상과 롱생을 석방했다. 그들은 풀려나자 복수를 결심하고, 곧 관용파와 구국위원회가 혁명을 배반했다고 고발했다. 3월 2일 뱅상과 롱생은 코르들리에 클럽에서 혁명을 구하기 위해 민중이 봉기해야 한다고 주장했다. 에베르는 반대하면서도 두 사람이 온건파를 공격하는 것을 승인했고, 『뒤셴 영감』에서 구국위원회를 '몽유병 환자'라고 비난했다. 코르들리에 클럽은 혁명의 근본 원칙이 무시당하고 있다는 신념을 상징적으로 표현하기 위해 「인권선언문」에 상장喪章을 드리웠다.

파리의 식량 부족이 상퀼로트의 호전성을 일깨울 때였기 때문에 구국위원회는 어려운 시기를 맞이할 때 그들의 공격을 받았다. 농부는 최고가격제가 정한 값이 너무 싸다는 이유로 곡식을 팔려고 내놓지 않았고, 빵 값은 고정되었지만 공급이 원활하지 못한 데다 질도 형편없었다. 상처에 소금을 뿌리듯 부자는 암시장에서 상퀼로트가 도저히 살 수 없이 비싼 값을 주고 필수품을 구매하면서 할당제를 회피했다.[76] 정치적 급진주의와 경제 위기는 옛날부터 여러 차례 위험한 상황을 초래했기 때문에 구국위원회는 혼란을 예방하려고 재빨리 행동했다. 3월 13일 저녁 생쥐스트는 국민공회에서 에베르파 운동이 혁명을 방해하려는 외국 음모의 일부라고 경고했다. 이튿날 저녁에는 에베르파 지도자들이 파리를 굶기려 하고 군사독재 체제를 수립하며 나라를 적에게 바치려는 음모를 꾸몄다고 혁명법원에 고발했다. 이러한 혐의는 명백히 가짜였지만, 혁명법원은 재판을 하고 (감옥의 밀고자) 단 한 명만 빼고 모든 피고에게 사형을 언도했다. 그들은 3월 24일 단두대에 올랐다.

구국위원회는 에베르를 단두대로 보낸 뒤 파리의 각 구에서 이름난 급진파를 긴급 체포하고, 지난 9월 이후 에베르파의 본거지였던 파리 혁명군을 해산했다. 각 구의 정치 토론 클럽 노릇을 하던 민중협회들도 들볶아서 문을 닫게 했고, 그 후 두 달 안에 [48개 가운데] 38개를 해산시켰다. 코르들리에 클럽은 문을 닫았고 파리 코뮌의 에베르파를 로베스피에르의 충실한 지지자들로 교체했다.[169] 숙청의 바람은 지방까지 휩쓸었다. 도와 시 행정부는 에베르주의자들을 제거했고 민중협회와 정치 클럽은 그들을 거부했다.

구국위원회는 에베르주의자들을 숙청한 뒤에도 공포정을 끝내기 원하는 온건파의 압력을 받았다. 구국위원회는 바로 이 때문에 [온건파도] 극단적 과격파만큼 위험하게 생각했다. 3월 18일 안보위원회는 파브르 데글랑틴의 조사를 마치고 부패와 반역 혐의로 혁명법원 재판에 회부했다. 동인도회사 사건 관련 의원들도 체포할 계획이었다. 그들은 의원이었기 때문에 국민공회가 면책권을 거둬야 할 텐데, 구국위원회는 파브르와 친한 당통이 반대하리라는 사실을 잘 알았다. 대부분의 위원은 당통도 체포하기를 원했지만 로베스피에르는 혁명 초기부터 당통과 친구였기 때문에 망설였다. 그는 당통에게 가만히 있어달라고 설득하기 위해 두 번 만났다고 한다. 그들이 만날 때의 증거 자료가 충분하지는 않지만 당통은 굽히지 않았고, 3월 30~31일 밤에 카미유 데물랭, 관용파 지도자들과 함께 붙잡혔다. 이튿날 그의 동지[이며 데물랭과 함께 코르들리에 클럽을 세운] 루이 르장드르 Louis Legendre[1752-1797]는 국민공회에서 그들의 문제를 논의해야 한다고 나섰지만 로베스피에르가 그의 입을 막았고, 생쥐스트가 소장을 읽었다. 당통은 1789년부터 왕당파 음모에 가담하고, 미라보·도를레앙 공·라파예트·지롱드파는 물론 심지어 코르들리에 클럽도 움직여 혁명을 전복하려고 노력했다. 이 내용은 완전히 거짓이지만, 당통과 관용파는 정치적 재판을 받았다. 파브르 데글랑틴과 공모자들이 단두대로 가고, 그래서 구국위원회가 존속할 수 있다면 그들은 죽어야 마땅했다. 안보위원회의 마르크 앙투안 바디에는 이렇게 말했다.[4] **"우리가 그들을 단두대에 세우지 않으면 그들이 우리를 세울 것이다."** 4월 2일부터 재판을 열고, 구국·안보 두 위원회는 외국의 하수인 혐의가 있는 사람들을 추가로 법정에 세워 피고인들의 기소내용을 더욱 믿음직스럽게 만들었다. 당통은 혐의 사실을 비웃음거리로 만들면서 자신을 힘차게 변호했고, 검사 앙투안 푸키에 탱빌Antoine Quentin Fouquier de Tinville(1746-1795)은 〔당통의 입을 막지 않는다면〕 공소를 제대로 유지할 수 없을 지경이라고 구국위원회에 경고했다. 위원회는 '죄인의 반란'을 꾸민다고 당통을 비난하며 감옥에서 구국위원회를 말살하고 조수를 석방하려는 음모에 가담했다고 주장했다. 국민공회는 음모죄로 법정에 선 자가 누구든 사법제도에 저항하거나 모욕하면 법정 밖으로 끌어낼 수 있는 법을 통과시켰다. 그렇게 해서 당통을 정식으로 제거하고 4월 5일에 모든

4　마르크 앙투안 바디에가 아니라 마르크 기욤 알렉시스 바디에Marc-Guillaume-Alexis Vadier(1736-1828)가 맞다. 그는 1793년 9월 13일에 안보위원회에 들어가 1794년 9월 1일까지 위원으로 활동했다. 그사이 1794년 1월 21일부터 2월 4일까지 국민공회 의장으로 활동했다.

동료와 함께 유죄를 선고했다. 그날 저녁 단두대가 작업했고, 목격자들은 당통이 집행인에게 **"내 머리를 인민에게 보여주시오, 그럴 만한 가치가 있으니"**라고 말했다고 전했다.[>136] 여드레 뒤인 4월 13일에 데물랭의 아내와 에베르의 아내가 남편들의 뒤를 따라 단두대에 올랐다. 두 사람 모두 반대파 사람과 결혼했음에도 죄목은 반역죄였다. 파리 대주교였다가 사제직을 버리고 속세에서 겨우 4개월을 보낸 고벨이 자유의 붉은 모자를 쓴 채 두 과부와 함께 호송차를 타고 단두대로 갔다.[>91]

에베르와 당통의 죽음은 혁명기 최초의 숙청 사례가 아니었다. 1792년 8월 왕정이 무너진 뒤 튈르리 궁의 수비자들 처형, 왕의 처형, 1793년 10월 지롱드파의 제거, 이 모든 일이 아마 〔두 죽음보다 먼저의 숙청이라는〕 쑥스러운 명예를 다툴 만하다. 지금까지 혁명은 패배한 정치가를 처형하고 정치적 당파를 청산하는 데 익숙했으며, 〔구국위원회와 안보위원회라는〕 두 통치위원회 위원들이 증명할 길도 없으면서 〔에베르와 당통〕 두 사람이 반혁명가라고 진심으로 믿었음에는 의심의 여지가 거의 없다. 그런 점에서 두 당파는 증거를 조작해서 유죄를 '입증'한 정치재판의 희생자였다. 이미 지롱드파 재판에서 보았듯이, 증거 부족이 유죄 판단에 전혀 걸림돌이 되지 않았다. 그러나 1794년 봄의 재판에서 새로운 점은 정치적 만행cannibalism을 자행했다는 데서 찾을 수 있다. 공포정은 자코뱅주의의 반대자들만이 아니라 지지자들도 집어삼키기 시작했고, 에베르와 당통이 모두 정치적 거물이었다는 점에서 그것은 아주 불길했다. 그 정도 지위를 가진 사람을 공적인 저항도 받지 않고 쓸어버릴 수 있는데 누가 안전할 수 있었겠는가. 따라서 그들의 죽음은 공포정이 새 단계로 들어갔음을 뜻한다. 이제부터 두 통치위원회를 거스르는 정치 토론은 위험을 감수하게 되었다. 공포정을 끝내자는 관용파 운동은 오히려 바라는 것의 반대 결과를 가져와 혁명정부가 모든 비판을 반혁명 음모로 고발할 수 있는 명분을 주었다. 일단 그러한 일이 가능해지자 혁명정부는 공포정을 구체제에서 볼 수 없을 만큼 무한히 폭압적인 정치무기로 마음껏 개발했다.

6

1794년
4~7월의
대공포정

1794년 봄과 여름에는 처형이 급등했다. 6월과 7월에 파리에서 처형당한 사람은 혁명법원을 설치한 뒤부터 15개월 동안의 수보다 더 많았고, 그래서 〔두 달을〕 대공포정Great Terror이라 부른다. 혁명광장에 세운 단두대의 모습과 거기서 풍기는 악취가 너무 역겨웠기 때문에 단두대를 오늘날의 바스티유 광장으로 옮겼다. 그 주변은 주로 상퀼로트 주거지역이었기 때문에 그들이 반가워할 것이라고 믿었다. 그러나 그들조차 피 냄새 때문에 장사를 망친다고 불평했다. 그래서 단두대를 거기서 남동쪽으로 더 바깥에 있는 오늘날의 나시옹 광장으로 옮겼다. 근처 수도원 정원에 큰 구덩이를 파고 희생자들의 시신을 발가벗겨 한꺼번에 던져 넣었다. 아직 단두대는 무자비하게 작동하고 처형자 수가 하루 30명 이상으로 치솟았지만, 구국위원회는 의인에게 상을 주고 개혁을 시도하면서 전쟁이 끝난 뒤 새로운 공화국의 사회로 가는 길을 준비했다. 기독교를 새로운 시민종교로 대체하고, 가난한 사람과 환자의 생활을 개선할 사회복지 계획도 마련했다. 이처럼 억압과 쇄신의 혼합 정책은 7월 말에 구국위원회가 붕괴하면서 겨우 몇 주 만에 갑자기 끝났다. 그것은 아직도 혁명에서 가장 논란거리 단계로 남아 있다. 그 사건은 공화국의 생존에 대한 위협이 줄어들고 있는 순간에 일어났기 때문이다. 1794년 6월 즈음 프랑스 땅에는 외국 군대가 하나도 남아 있지 않았고, 서부의 내전도 없었으며, 구국위원회의 권위에 도전할 만한 위치에 있는 비판자도 없었다. 그렇다면 왜 그들은 대공포정을 실시했는가? 어째서 공포정은 수그러들지 않고 오히려 강해졌는가? 관료제가 발달한 결과, 재판 과정과 처형을 더 효과적으로 만들었던 것인가? 그것은 이념적 순수성을 끈질기게 추구하던 로베스피에르의 작품이었을까, 아니면 그의 반대자들이 그의 명예를 더럽히려고 공포정을 더욱 강화한 결과인가? 〔혁명에 대한〕 피로감이 〔대공포정의〕 요인으로 작용해서 합리적 인간으로 하여금 불합리한 정책을 추구하게 만들었던가? 아니면 단순히 당대인들은 역사가처럼 통찰력을 가질 수 없기 때문에 공화국

붉은 프리기아 모자를 쓰고 창을 든 상퀼로트.

이 아직도 위협을 받고 있다고 믿었기 때문일까? 간단히 대답하기 어려운 문제이긴 해도, 대공포정은 모든 형태의 반대를 분쇄하고 프랑스 사회를 새로운 이상향으로 만들려는 확고한 시도였음이 분명하다.

권력의 집중

에베르와 당통을 처형한 뒤 국민공회에서 구국위원회의 권력에 도전하려는 희망은 완전히 사라졌다. 아주 걸출하고 많은 인기를 누리던 존재가 인민에게 한 일을 본 의원 가운데 감히 자기 목을 걸고 두 사람의 뒤를 따르려는 이는 없었다. 그래서 국민공회의 토론은 구국위원회 활동을 기계적으로 승인하고 정부의 성공을 축하하는 일로 나타났다. 토론을 통제하기란 쉬웠다. 여름 동안 (오늘날 국회의장과 같은) 국민공회 의장 가운데 한 명을 빼고 모두 구국위원회나 안보위원회 소속 위원이었기 때문이다. ▶101 그래서 구국위원회는 신중하게 계획한 대로 권력집중과 탄압의 행동지침을 자유롭게 밀어붙일 수 있었다. 4월 1일 국민공회는 기존의 6부장관직을 폐지하고 전쟁장관 부쇼트와 비서 뱅상처럼 장관이나 보좌진이 구국위원회의 권위에 도전하지 못하게 하는 명령을 가결했다. 6부장관 대신 12개 위원회를 설치하고, 구국위원회가 다른 위원회를 지명하고 보고를 받게 했다. 지난해 9월에 창설한 이래 상퀼로트 급진파가 주류였던 파리 혁명군을 숙청하고, 파리 코뮌에 파견한 특임집행관 피에르 가스파르 쇼메트Pierre-Gaspard Chaumette(1763-1794)를 에베르의 친구이자 협력자라는 이유로 처형했다. 파리 코뮌의 치안담당관 일곱 명도 제거하고 시장 파슈를 체포했다. 구국위원회는 그들 자리를 새 인물로 채웠다. 국민공회는 방토즈 23일(3월 13일) 법으로써 구국위원회에 정직 상태의 국가공무원을 선거와 상관없이 교체할 수 있는 권한을 주었기 때문이다. 로베스피에르는 그 기회를 이용해서 중요한 자리에 추종자들을 임명했다. 그는 프랑스 남부 출신으로 구국위원회 사무국에서 일한 클로드 프랑수아 드 페양Claude-François de Payan(1766-1794)을 특임집행관, 자기를 충심으로 따르는 장 바티스트 에드몽 레스코 플뢰리오Jean-Baptiste Edmond Lescot-Fleuriot(1761-1794)를 파리 시장으로 임명했다.

구국위원회는 중앙정부와 파리에 확고한 지지기반을 확보하고 공포정 관련법을 간소화했다. 제르미날 27일(4월 18일)에 '공화국 공안법Police générale de la République'을 제정해서 외국인과 과거 귀족을 항구, 군 주둔지, 파리에 살지 못하게 했다. 게다가 구국위원회는 행정관리들의 활동을 감시할 공안국을 설치할 수 있었다. 행정의 비효율성은 지난여름부터 구국위원회가 반복해서 개선하려고 노력한 문제였으므로 애당초 공화국을 설치한 목적은 관료세계의 부패와 반혁명을 뿌리 뽑으려는 데 있었다. 그러나 그것은 곧 정치적 영역까지 활동범위를 넓혔고, 이미 안보위원회에 보고하던 치안당국의 활동에 그늘을 드리웠다. 몇 주이내에 공안국은 주도권을 잡고 혐의자들을 체포해서 혁명법원으로 보내는 일을 해나갔다.[158] 초기에는 생쥐스트가 공안국을 운영했지만 5월 초 북부군에 파견의원으로 나갔을 때부터 로베스피에르가 뒤를 이어 간첩의 보고서, 파리와 지방의 정보원들이 보낸 편지를 읽었다. 그는 사건마다 증거를 검토하고 체포 영장을 기초해 구국위원회 동료들의 서명을 받았다. 대다수의 표적은 귀족과 종교인 가운데 반혁명 혐의자, 또는 에베르와 탈기독교 운동에 관계한 급진파였다.[101]

체포 사례가 늘어나자 4월 18일 법〔공화국 공안법〕은 모든 제도를 중앙으로 집중시켜 지방 감옥의 정치범을 모두 파리로 이송하고 파리 혁명법원에서 재판하라고 명령했다. 5월 8일에는 지방 혁명법원과 위원회를 공식 폐지했다. 단지 보르도, 님, 오랑주, 아라스, 두애를 특별히 예외로 남겼다. 보르도에서 로베스피에르의 보호를 받던 마르크 앙투안 쥘리엥Marc-Antoine Jullien〔1744-1821〕은 지난해 가을에 설치한 군사위원회가 연방주의를 너무 관대하게 봐준다는 이유로 재편했다. 재편된 위원회는 4월부터 7월 말까지 198명을 단두대로 보냈다.[124] 님의 도립형사법원은 지난해 여름 연방주의로 기소당한 사람들을 재판하라는 허락을 받고 32명을 단두대에 세웠다. 파견의원 기슬랭 프랑수아 조제프 르봉Guislain-François-Joseph Le Bon[1765~1795]은 구국위원회의 승인을 받아 아라스와 캉브레에 법원을 설치했다. 위원회는 민감한 국경 지대에서 반혁명이 일어날까 봐 두려워 승인했다. 아라스 법원은 343명, 캉브레 법원은 149명을 처형했다.

플로레알 21일(5월 10일) 구국위원회는 보클뤼즈 도 파견의원 에티엔 크리스토프 메녜Étienne-Christophe Maignet[1758~1834]에게 오랑주에서 지난여름에 일어난 연방주의자 반란의 주모자들을 처벌하도록 '인민위원회'를 설치하라고 허락했다. 메녜는 혐의자들을 파리로 이송하는 것은 비용도 많이 들고 위험하다고 주장하면서 현장에서 재판을 하면 그곳 주민들을 '교육'하는 효과도 있으니 더 좋겠다는 의견을 보냈다. 로베스피에르는 처음에는 마뜩찮았지만 동료 쿠통의 의견에 설득당한 뒤 주도적으로 위원회 규약을 기초하고 위원들을 임명했다. 위원회에는 배심원이 없었고, 판사 다섯 명이 **"합리적인 사람과 자유의 친구를 설득할 수 있다면 어떤 종류의 고발도 상관없다"**는 원칙을 가지고 판결을 내릴 수 있었다. 피고에게는 변호사의 도움을 받을 권리가 없었고 유죄의 벌은 오직 사형이었다. 6월 19일부터 8월 4일까지 7주 동안 위원회는 332명에게 사형, 116명에게 금고형을 언도했다. 147명만 무죄로 석방했다. 위원회의 희생자 63명은 베종 라 로멘과 카르팡트라 사이에 있는 방투 산Mont Ventoux 자락의 작은 마을 베두앵 주민이었다. 그들은 1794년 5월 1~2일 밤에 마을의 중앙광장에 심었던 자유의 나무를 뽑아버렸다. 베두앵 마을은 반혁명에 공감했고, 메네는 그들의 공격이 제2차 방데의 난으로 번질 가능성을 보여준다고 주장했다. 거기서 처형당한 사람들은 대부분 행정관, 귀족, 선서거부사제였다.▶88, ▶114

프레리알 법

오랑주 위원회 설립안은 파리의 혁명법원을 변화시킬 밑그림을 제공했다. 프레리알 22일(1794년 6월 10일)에 쿠통은 구국위원회를 대표해서 법안을 발의했다. 그것은 그와 로베스피에르가 기초한 안이었다. 그는 그 목적이 기존의 법을 깔끔하게 정리하는 데 있다고 의원들을 안심시켰지만, 사실상 그보다 훨씬 멀리 나간 안이었다.▶119 콜로는 법원이 수많은 역적을 무죄로 판결하고 무고한 애국자를 많이 벌하는 잘못을 저질렀다고 주장했다. 혁명이 **"자유에 대항하는 폭군을 물리치고, 덕에 대항하는 범죄와 싸우는 전쟁"**이기 때문에 이러한 잘못을 받아들이기 어려웠다. 혁명이 존속해야 한다면 덕이 승리해야 하고, 그래서 공화국을 무너뜨리려는 음모를 꾸민 자들을 혁명법원의 과업을 급히 성취함으로써 분쇄해야 했다. 쿠통은 이렇게 말했다. **"조국의 적을 벌하는 일을 늦춘다면 앞으로 그들의 정체를 밝히는 일로 시간을 보내야 한다."** [프레리알 법의] 중요한 조항은 바로 그 일을 하려는 목적을 가졌다. 6조는 정치적 범죄를 1793년 9월의 반혁명 혐의자법의 내용보다 훨씬 넓게 정의하고 식량 공급을 방해하기, 애국심을 비난하기, 여론을 왜곡하기, 도덕을 타락시키기, 또는 적을 돕기 위해 사기를 저하시키는 정보를 퍼뜨리기를 모두 포함시켰다. 이러한 혐의는 거의 모든 활동을 포함할 정도로 광범위했고, 모든 혐의를 확고하게 만들도록 재판절차까지 조정했다. 16조는 배심제도를 존속시켰지만 수감자들에게 변호사의 도움을 받을 권리를 허락하지 않았다. 9조는 증인을 필요 없게 만들고 설사 구체적 증거가 없더라도 '심증'이 있다면 평결할 수 있도록 해주었다. 이제 죄에 대한 벌은 오직 사형뿐이었다.

국민공회는 토론을 거치지 않고 법을 통과시켰지만 이튿날 몇몇 의원이 의원 체포와 국민공회의 의견을 묻지 않고 재판에 회부할 수 있는 조항에 이의를 제기했다. 구국위원회 위원들은 조국에 너무 큰 위험이 닥쳤기 때문에 예외를 두면 안 된다고 주장하면서 원안을 지켰다. 로베스피에르는 반혁명이 도처에 있으며 그 하수인들이 아주 교활하기 때문에 의원들도 속기 쉽다고 주장했다. **"음모가들이 이미 브리소, 샤보, 당통 같은 의원들을 속였듯이 지금까지 선량하고 존경할 만한 동료 의원들을 속**

여왔습니다. 외국의 음모를 이끄는 교활한 주모자들은 국민공회 전체를 함정에 빠뜨리려고 노력했습니다." 바레르는 더욱 퉁명스럽게 말했다. "애국자에게 유리하고 음모가들을 확실히 벌하기 적합한 법을 제안할 때 입법가들[국민공회 의원들]은 오직 한 가지 의견만 가질 수 있습니다." 구국위원회에 분명히 동의하지 않는 사람은 이제 역적과 같았고, 결국 의원들은 프레리알 24일 [6월 12일]에 토론을 끝내고 그 조항을 존속시켰다.▶101

대대적인 처형

프레리알 법은 공포정의 역사에서 전환점이었다. 그때까지 수감자의 50퍼센트 정도가 무죄판결을 받았다. 그러나 그 법이 효력을 발휘한 뒤 무죄는 20퍼센트로 떨어졌고, 유죄가 급증하자 처형도 급증했다. 1793년 3월부터 15개월 동안 혁명법원은 모두 1,251명에게 사형을 언도했고, 이는 하루 세 명꼴이었다. 그러나 그다음 6주 동안 모두 1,376명에게 사형을 언도했다. 하루 평균 30명 이상이었다.▶131 '푸르네fournées', 또는 '한 묶음'[또는 한 배腹]이라는 방식으로, 변론의 기회도 주지 않고 단일한 죄목으로 수십 명씩 한꺼번에 단두대로 보냈기 때문에 이처럼 많은 수를 처형할 수 있었다. 6월 16일 73명을 처형한 것이 '한 묶음'의 첫 사례였고, 6월에 두 번, 7월에 일곱 번 더 있었다. 이 6주간의 사형 규모를 가늠하려면 1794년에 나라 전체에서 다달이 처형한 숫자와 견주어볼 필요가 있다. 물론 정확한 자료가 남아 있지 않기 때문에 어림수만 알 수 있겠지만 신중하게 취급한다면 전반적인 모습을 얻기에는 충분할 정도다. 1월에 전국에서 3,517명, 그중 대부분 리옹과 방데에서 처형했다. 2월에는 숫자가 792명으로 급락했고, 3월에도 589명으로 떨어졌는데 방데와 연방주의 반란 지역의 처형이 확 줄었기 때문이다. 4월에 1,100명으로 늘어난 것은 아마 에베르주의자와 당통파를 제거했기 때문일 것이다. 5월에 다시 800명으로 떨어졌다가 6월에 1,200명, 7월에 1,400명으로 늘었다. 내란이 끝난 이래 가장 많은 수이며, 전체 처형의 78퍼센트는 파리에서 나왔다.[131]

희생자의 사회적 지위도 달라졌다. 그 당시까지 전체의 8퍼센트가 귀족, 6퍼센트가 종교인, 25퍼센트가 상류 중산층, 10퍼센트가 하류 중산층, 31퍼센트가 장인, 28퍼센트가 농민이었다(농민의 수가 많은 이유는 그들이 방데의 난에 관여했기 때문이다). 프레리알 법을 시행하고 6주 동안 귀족과 종교인은 각각 20퍼센트와 12퍼센트, 상류 중산층은 거의 변화 없이 24퍼센트였다. 그러나 하류 중산층(13퍼센트), 장인(21퍼센트), 농민(8퍼센트)의 수는 줄었다. 6주 동안 옛 귀족, 종교인, 상류 중산층은 단두대 희생자의 60퍼센트를 차지했고, 공포정 전체 시기의 40퍼센트에 비하면 더욱 많아졌다. 이로써 공포정은 반혁명가뿐 아니라 부자와 사회적 지위로 봐서 새 공화국에 끼어들 자리가 없는 종교인도 겨냥하고 시작했음을 알 수 있다. 이러한 일이 왜 일어났는지 밝히는 연구는 지금까지 하나도 없다. 프레리알 법과 공포정이 끝날 때까지 6주간의 숫자만 가지고는 신뢰할 만한 결론을 이끌어내기도 어렵기 때문이다. 그러나 공포정은 과거를 완전히 뿌리 뽑기 위해 구체제의 사회지도층을 상대로 벌인 사회적 전쟁으로 발달했다고 말할 수 있다.[131, 166]

이처럼 처형이 급증한 사정은 무엇인가? 19세기 말 공화주의 역사가로서 공포정을 전시에 필요한 조치였다고 옹호한 알퐁스 올라르Alphonse Aulard[1849-1928]는 프레리알 법과 그 결과를 종교재판과 비교하면서 비난했다. **"당시 프랑스는 안전했음에도 무죄와 유죄를 [가리지 않고] 한꺼번에 학살······, 그래서 국방의 차원에서도 용서할 수 없다."[2]** 그 후 거의 모든 역사가가 그의 비난에 공감했지만 그것이 일어난 이유를 다른 방식으로 설명했다. 올라르는 로베스피에르가 프레리알 법을 기초했다고 지적하면서 그의 탓이라고 했다. 사회주의 역사가로서 로베스피에르를 칭찬하고 올라르를 싫어했던 알베르 마티에즈Albert Mathiez[1874-1932]는 그 법은 반혁명 혐의자의 재산을 가난한 사람에게 나눠주려는 정책의 일부였다고 주장했다. 부자의 처형을 가속화하는 가운데 그들의 재산도 빈자에게 더 빨리 이전되었고 프랑스 사회를 변화시켰다는 것이다. 마티에즈는 이러한 해석의 근거를 2월 말과 3월 초에 통과한 방토즈 법에서 찾았다.[1] 그 법은 반역죄인의 재산을 빈자에게 나눠준다고 규정했다. 6개 위원회를 설치해서 수형자들의 증거를 철저히 검토하고 명백한 죄인을 혁명법원에 보낸다. 그들을 처형한 뒤 재산을 분배한다.[167] 그런데 프레리알 법을 실행할 당시에 위원회 두 개만 설치했으며, 그들에게 단 한 건도 살핀 실적이 없었다. 그러므로 프레리알 법의 목적이 그들의 작업을 촉진시키려는 데 있었다는 말은 설득력이 부족하다.

세 번째는 며칠 전 콜로 데르부아와 로베스피에르를 살해하려던 시도에 대한 대응으로 그 법을 통과시켰다는 정치적인 설명이다.[154] 어느 날 밤, 중년의 외톨이인 앙리 아드미라Henri Admirat/Admiral(1744-1794)는 콜로 데르부아가 구국위원회에서 집으로 돌아올 때 총을 쐈지만 권총이 작동하지 않아 실패하고 붙잡혔다. 잠시 후 20세 아가씨인 세실 에메 르노Cécile-Aimée Renault(1774-1794)는 소목장小木匠 모리스 뒤플레Maurice Duplay

---

1 생쥐스트가 "행복은 유럽에서 새로운 관념"이라면서 발의해 3월 3일에 통과시킨 법을 말한다. 전국적으로 가난한 애국자를 파악하고, 혁명의 적들의 재산으로 그들을 돕는 방안을 마련한다는 내용이다.

〔1738-1820〕의 집으로 두 번 찾아가 거기에 세를 든 로베스피에르를 만나고 싶다고 말했다. 뒤플레는 의심이 들어 그를 붙잡고 바구니에서 작은 칼 두 자루를 찾아냈다. 그는 심문을 받으면서 로베스피에르를 해치려고 가지고 간 칼이 아니라고 맹렬히 부인했지만, 군주정으로 되돌아가는 것만 볼 수 있다면 죽어도 행복하겠다고 진술했다. 그는 아마 정신적으로 아팠을 가능성이 있지만 본보기 삼아 아버지, 오빠, 고모는 물론 잡다한 정치범들과 함께 혁명법원에서 재판을 받았다. 그와 아드미라는 모두 공화국을 전복하려는 목적으로 오스트리아인들이 뒤에서 조종한 외국인 음모의 하수인이라는 혐의를 받았다. 그들을 포함해서 50명 이상이 유죄판결을 받고, 존속살해범 또는 반역자에게 찍는 낙인과 같은 붉은 옷을 입고 줄줄이 단두대로 향했다. 두 가지 위협 사건이 안전 문제에 관심을 불러일으켰을지는 몰라도 쿠통이나 로베스피에르는 프레리알 법을 토론할 때 그 사건을 거론하지 않았기 때문에 그것이 법을 제정한 주요인이었다고 보기는 어렵다.▶153 프레리알 법은 지난해 12월의 프리메르 법이 나온 뒤 진행하던 중앙집권 과정의 일부라는 네 번째 설명이 아마도 가장 설득력 있을 것이다.² 과단성 있는 파견의원들이 공포정을 혼란 상태로 만들지 못하게 하고, 각 도 법원이 지방민을 가볍게 처벌하지 못하게 하려고 구국위원회는 (잘 운영하는 몇몇 예외를 제외하고) 모든 정치재판을 파리로 집중시킨 뒤에는 처형 속도를 높여 수형

자의 수를 통제할 수 있는 수준으로 유지하는 길 외에 선택의 여지가 거의 없었다. 프레리알 법이 그 일을 했고, 그 법의 잔혹성은 거의 모든 수형자가 유죄라는 구국위원회의 신념을 반영했다. 그 상황에서 재판을 질질 끄는 것은 아무런 효과가 없었다.[101]

최고존재 숭배

구국위원회는 공포정을 강화하는 한편 시민들에게 전쟁이 끝난 뒤 덕의 공화국을 맞이할 사회개혁을 설계했다. 핵심 요소는 탈기독교 운동으로 생긴 공간을 채울 새로운 종교였다. 1793년 말부터 교회·신전·유대교회당의 문을 널빤지로 막아버리거나 곡물창고 회의소로 활용했다.[196] 수천의 사제와 목사는 결혼하고 교구민을 포기했으며, 여전히 신앙을 지킨 사람들은 지하로 숨거나 외국으로 떠났다. 그 대신 수많은 마을에는 이성 숭배가 자리 잡았고 프리메르 14~16일(1793년 12월 4~6일)의 법으로 인

---

2 방데미에르 19일(1793년 10월 10일), 생쥐스트는 "프랑스 정부는 평화 시까지 혁명정부다"라면서 법안을 발의했고, 그것을 마무리한 법이 프리메르 14~16일(1793년 12월 4~6일)에 통과한 '임시혁명정부법'이다.

민은 새 달력으로 열흘째 날마다 공공장소에 모여 새로 제정한 법 내용과 애국심을 고취하는 음악을 들었다.[69] 전국적으로 이 법을 지키는 사례는 드물었고 탈기독교 운동은 대부분의 지역과 특히 프로방스·알프스·피레네·방데·브르타뉴에서 대중의 지지를 받지 못했다. 특히 여성들은 미사와 본당의 활동, 성인 숭배로 정신적 위안을 얻던 때를 그리워했고, 쓰지 않는 건물과 개인의 집에서 옛 교회 관리인이나 학교 선생이 사제 대신 비밀리에 예배를 드렸다. 구국위원회는 종교적 믿음이 얼마나 강한지 알고 있었고, 방데에서 이미 보았듯이 원한이 사회를 혼란 상태로 만들지 않을까 걱정했다. 구국위원회는 이성 숭배가 불편하게도 무신론과 가까웠기 때문에 싫어했다. 위원 대부분과 특히 로베스피에르는 무신론이 저주라고 믿었다. 내세에 대한 믿음이 없다면 인간 행실을 도덕적으로 제어할 수 없다고 여겼기 때문이다. 그러므로 세상을 창조하고 지켜보는 최고존재가 필요했고, 로베스피에르는 1762년에 장 자크 루소가 『사회계약론』에서 제시한 시민 종교의 영향을 크게 받았음이 분명했다. 로베스피에르는 11월에 탈기독교 운동을 공격할 때 무신론의 위험성을 분명히 밝혔고, 1794년 봄에 에베르와 당통을 박해할 때도 그들의 혐의 가운데 하나를 무신론으로 적시했다.

그러므로 구국위원회는 새로운 시민종교를 제시해 공화국이 최고존재를 믿도록 만드는 동시에 더는 교회를 갖지 못하게 된

기독교도들의 지원을 받을 것으로 기대했다. 로베스피에르는 최고존재 숭배 계획을 세우고 공화력 2년 플로레알 18일(1794년 5월 7일)에 국민공회의 승인을 받았다. 로베스피에르는 최고존재 신앙과 영혼의 불멸성이 마련해줄 수 있는 도덕률이 사회에 필요하다고 주장했다. 새로운 신앙의 주요 특징은 혁명에서 '중요한 대사건', 1789년 7월 14일(바스티유 정복), 1792년 8월 10일(군주정의 폐지), 1793년 1월 21일(루이 16세 처형), 1793년 5월 31일(지롱드파 몰락)을 위해 네 번의 시민축전을 거행한다는 데 있었다. 그에 더해 매 10일째 날décadi을 공화주의 덕성과 가치에 바치도록 했다. 이를테면 용기, 영웅적 행위, 젊은이, 노인, 불행, 농업, 산업, 모성애, 반역자 증오 같은 덕성과 가치가 애국심에 속했다. 6월 8일 파리에서 최고존재 축전을 공식적으로 거행했다. 유명한 신고전파 화가로서 안보위원회 위원이자 로베스피에르의 충실한 지지자인 자크 루이 다비드Jacques-Louis David(1748-1825)가 이 축전을 처음부터 끝까지 조직했다. 파리 주민은 건물마다 깃발과 꽃을 달고 아침 5시에 튈르리 정원을 향한 행진에 참여하라는 말을 들었다. 남성 어른과 아이들은 총과 참나무 가지를 하늘 높이 처들고 길 한쪽에서 행진하고, 아낙네와 소녀들은 꽃을 들고 건너편에서 행진하도록 했다. 튈르리 정원에서 로베스피에르는 국민공회 의장 자격으로 최고존재를 찬양하고 무신론을 비난하는 연설을 했다. 그러고 나서 무신론의 허수아비에 불을 지르고 불길과 연기가 사그라지면 지혜의 상이 재 속에서 나타났다. 합창단은 작곡가 에티엔 니콜라 메윌Étienne Nicolas Méhul(1763-1817)이 행사를 위해 작곡한 찬가를 불렀다. 그러고 나서 행렬은 센 강을 건너 샹드마르스를 향해 떠났다. 이때 국민 공회 의원들이 푸른 외투를 입고 자연의 혜택을 상징하는 꽃다발이나 곡식 다발을 들고 합류했다. 광장에는 큰 산을 만들어놓고 꼭대기에 자유의 나무를 심은 뒤 주변에 향을 피워 연기로 감싸게 만들었다. 합주단이 애국심을 고취하는 음악을 연주하고 합창단이 세속적 찬가를 부를 때 의원들은 인공산의 옆구리를 돌아 꼭대기까지 올라갔다가 다시 내려왔다. 체조 시범과 단체 소풍으로 모든 절차를 끝냈고, 그날 하루는 존경의 표시로 단두대를 작동시키지 않았다. ▶47, ▶101, ▶170

공화주의 역사가 올라르는 최고존재 숭배란 기본적으로 중대한 출정을 앞둔 몇 주 동안 전쟁에 대한 여론을 결집시키려는 정치적 책략이었다고 주장했다. 평생 올라르를 비판한 알베르 마티에즈는 로베스피에르가 가톨릭교도들의 지지를 받고 새 체제의 도덕적 기초를 제공할 것으로 기대하면서 가톨릭교의 미신적 요소를 잘라낸 애국종교를 탈기독교 운동의 긍정적 요소 위에 창시하고 구축하고자 시도한 것이 최고존재 숭배였다고 주장했다. 정치적인가, 영적인가? 최고존재 숭배는 필시 두 가지 요소를 함께 가졌을 것이다. 로베스피에르와 동료들이 어떤 형태

최고존재의 숭배를 기리는 축제 장면.

로든 종교적 신앙을 회복하는 것이 정치적으로 이롭다는 사실을 잘 알았음에도, 새 종교의 가치가 자코뱅파 이상, 전쟁이 끝나면 창조하고자 했던 사회적 이상향에 아주 가깝다는 사실을 확신했기 때문이다. 그런 식으로 최고존재와 단두대는 봄부터 공포정의 핵심이 된 재생과 근절의 두 요소를 함께 지닌 계획의 한 부분이자 조각이었다. 두 가지 모두 반대의 마지막 흔적까지 뿌리 뽑고 군사적 승리와 프랑스 국민의 도덕적 재생을 성취해서 혁명을 '완수'하려는 의도를 갖고 있었다. 도덕적 재생은 다음에 보듯이 여러 가지 측면을 가지고 있었다.

7

새 공화국의
새 시민
만들기

최고존재 숭배는 1794년 7월 말 구국위원회가 실권하기 전의 마지막 주요 개혁이었다. 구국위원회의 지원을 받지 못하게 되었고, 총재정부가 1795년과 1799년 사이에 그와 비슷한 시민종교를 창시하려다가 역시 비슷한 운명을 걷게 되자 최고존재 숭배는 무너졌다. 1801년 나폴레옹이 교황 비오 7세Pius VII[1742-1823]의 협조를 받아 대관식을 거행하면서 가톨릭교회를 회복시켜준 결과만이 교회와 혁명국가 사이의 씁쓸한 갈등에 잠시나마 대책을 마련해주었다.[47] 이미 종교를 개혁하는 일이 실패했음에도 그것은 구국위원회가 프랑스 사회를 재생시키고 구체제의 수많은 편견에서 벗어난 '새 인간'을 창조하기 위해 실시한 사회적·도덕적 변화의 한 부분이었다. 그 뒤에 일어난 모든 혁명이 비슷한 일을 했다. '인민의 의지' 위에 세운 새 체제는 인민의 정신자세를 변화시키고 새로운 가치 체계를 창조할 의무를 가진다는 믿음이 모든 혁명의 공통 요소였기 때문이다. 공포정 시기에 일어난 변화도 바로 그런 일을 하려는 시도였고, 자코뱅주의의 핵심 가치에 바탕을 둔 시도였기 때문에 우리는 구국위원회가 어떤 종류의 사회를 수립하고자 했는지 간파할 수 있다.

자코뱅 이념을 적은 단일한 자료나 '성경'은 없다. 파리 자코뱅 클럽은 1789년 말에 설립하고 일부 지방 클럽도 거의 같은 시기에 설립했지만, 둘 다 혁명의 진행과정에서 점점 더 과격해졌다. 1789년 대부분의 자코뱅파는 1794년에 클럽 회원이 되기엔 너무 보수적이었을 것이며, 실제로 다수는 단두대에서 생을 끝냈다. 파리 클럽은 지방의 대다수 클럽보다 급진적이었고 권력의 중심에 있는 만큼 더 '전국적' 모습을 갖추었다. 사람들은 저마다 다른 이유로 자코뱅파가 되었다. 다수는 정치적 열성분자였지만, 특히 공포정 시기에 모든 클럽이 국가 행정 체계의 한 부분이 되었기 때문이다. 그들은 정부의 일꾼이 되거나 정부 시책을 지지했다. 구국위원회 안에도 라자르 카르노처럼 전쟁에 이기고 공화국을 안정시키려는 실용주의자로서 결코 파리 자코뱅파에 가담하지 않는 사람들도 있었고, 기본적으로 사회를 변화시키기 바라는 로베스피에르나 생쥐스트처럼 좀더 이상주의적 자세를 취한 사람들도 있었다. 수많은 차이가 분명히 있지만 자코뱅주의의 핵심 가치는 장 자크 루소의 민주주의 사상을 18세기 계몽주의의 광범위한 자유주의 가치와 결합시킨 것이었다. 그것은 계몽주의로부터 인간 이성에 대한 신뢰와 개인적 자유에 대한 신념을 취했다. 또한 루소로부터 평등에 대한 의무감과 시민의 덕이 조화롭고 민주화한 국가에 반드시 필요하다는 신념을 취했다. 국가 차원에서 이러한 이상을 단일하고 일관성 있는 행동강령을 만든 적은 없었고, 그것을 현실화하는 작업은 언제나 전쟁의 요구 때문에 방해를 받았다. 그러나 공포정의 사회정책은 대부분 그러한 이상의 지지를 받았다.

남녀 시민과 노예의 평등

자코뱅파의 기본 가치는 평등이었다. 그들은 법 앞의 평등과 기회의 평등을 강조했다. 공포정 시기 혁명가들은 전통적이며 '굴욕적인' 구체제의 호칭인 '무슈monsieur'나 '마담madame' 대신 서로 '시민'이라 불렀다. 좀더 공식적으로 상대를 부르는 '부vous' 대신 친근한 '튀tu'를 쓰고, '평등'이라는 낱말은 자유·우애와 함께 주로 새 공화국을 상징하는 각종 조각상, 표상에 등장했다. 법적 평등은 1789년의 「인간과 시민의 권리선언」〔이하 「인권선언」〕에 등장했고 그 후의 모든 혁명기 법으로 표현되었다. 농노제의 잔재를 1789년 8월에 폐지했다. 세제 특권, 그리고 봉건주의의 '굴욕적' 요소인 영주독점권이나 사냥, 또는 영주의 토지에 대한 부역도 폐지했다. 귀족 작위는 1790년 6월에 폐지하고, 농민이 지속적으로 밀어붙인 대로 모든 봉건적 부과금도 1793년 여름에 완전히 폐지했다. 이미 모든 사람이 법 앞에 평등하게 되었지만, 일부 혁명가들은 귀족이 1789년 이전에 특권을 누렸으므로 새 나라의 일부가 될 수 없다고 주장했다. 에마뉘엘 조제프 시에예스 신부Emmanuel-Joseph Sieyès〔1748-1836〕는 1789년 1월에 소논문『제3신분이란 무엇인가?』를 발표해 그 문제를 부각시켰고 나중에도 그 주장을 반복했다.▶49 그러나 그 주장을 더 훗날까지 실천한 사람은 별로 없었고, 공포정 시기에도 여전히 옛 귀족 몇 명은 정치적으로 활동했으며, 특히 에로 드 세셸은 구국위원회 위원이었다. 이미 그들은 마음대로 활동하지 못하게 제약을 받았다. 1793년 여름 상퀼로트는 지속적으로 운동을 벌였지만 9월에 혁명군의 장교 계급에 오르지 못했다. 또한 그들은 1794년 4월 파리와 모든 요새도시 밖으로 나가라는 명령을 받았다. 두 개 법은 띄엄띄엄 적용되었지만, 귀족은 전체 인구에서 차지하는 비율보다 더 높은 비율로 단두대의 제물이 되었다. 귀족은 전체의 1퍼센트밖에 안 되었지만 파리에서 처형당한 사람의 8퍼센트 정도를 차지했다. 그러나 이것은 계급으로서 귀족의 존재를 말살하려는 시도라기보다 희생자의 다수가 구체제의 왕정과 가까웠고 그 후 반혁명에 연루되었다는 사실과 더 관련이 있다.

국회는 시민권과 관련해서 모든 형태의 구별을 일찍부터 폐지해나갔다. 칼뱅파와 루터파 개신교도는 1789년 12월, 〔역사적으로 이베리아반도에 살다가 프랑스에 정착한〕 세파르딤계 유대인은 1790년 1월, [역사적으로 중동부 유럽에서 살다가 프랑스에 정착한] 아슈케나짐계 유대인은 1791년 9월에 각각 법적 평등을 얻었다.▶49 구체제 시대에 사회적 천민이었던 배우와 사형집행인도 평등한 지위를 얻었다. 이미 모든 사람이 평등해졌지만, 1791년 헌법에서 매년 최소한 [사흘치 임금에 해당하는 금액의] 세금을 납부하는 25세 이상 남성에게만 선거권을 주었기 때문에 누구나 똑같이 정치적 권리를 누리지는 못했다. 일정액의 세금을 납부하지 못하는 남성은 '수동시민'이었고, 이들은 여성과 마찬가지로 정치적 권리를 누리지 못하게 했다. 1792년 8월 군주정을 전복시킨 뒤에 그러한 차별을 없앴고, 국민공회는 남성의 보통선거로 구성하고, 1793년 7월의 헌법을 승인하는 국민투표도 그 방식을 적용했다. 그것은 공포정 시기에 치른 유일한 국민투표였다. 그러나 민주주의는 당장 대대적인 참여를 가져오지 않았다. 아직도 공개적 정치와 투표가 낯선 일이었기 때문이다. 지방의 차원에서도 모든 사람이 정치에 관심을 보이지 않았고, 투표는 여러 차례 공개 회의에서 개인이 직접 해야 하는 일이었기 때문에 투표자는 선거인 회의에 직접 출석해서 며칠 동안 여러 후보에게 직접 투표해야 할 만큼 열의를 가져야 했다. 그래서 1792년 9월의 선거와 1793년 국민투표의 투표율은 각각 15.5퍼센트와 30퍼센트였다.▶111

남성에겐 투표권이 있었지만 여성에겐 없었다. 그들은 구체제에 투표권을 갖지 못했고, 군주정 시대에는 남성의 가계를 통해서만 권리를 보장받았다. 여성이 정치적 영향력을 가질 수 있는 전통적인 길은 지성인들이 새로운 사상과 정치적 사건을 토론하는 살롱에서 안주인 노릇을 하거나 왕족이나 귀족의 애첩 또는 정부가 되는 데 있었다. 왕의 애첩은 전통적으로 여성이 몸을 이용해서 남성을 유혹하고 남성의 이성을 마비시키고 남성을 마음대로 조종해서 정치적 결정을 비틀어버린다는 뿌리 깊은 믿음을 강화했다. 공적 생활을 하려면 합리성·남성성·투명성을 갖춰야 하지만 여성은 그런 덕목을 갖추지 못했다. 여성은 감성적이고 유약하고 솔직하지 않았다. 이러한 주장은 18세기 민주주의의 선구자 장 자크 루소의 견해를 반영했으며, 1793년 10월 마리 앙투아네트를 재판할 때도 등장했다.[145] 1793년 즈음에 이르러 자코뱅파와 상퀼로트의 우상이었던 루소는 1762년에 출간한 『사회계약론』에서 민주정을 위한 도덕적 바탕을 명확히 진술했다. 이미 그는 남성이 정치적 민주정의 공적 영역을 통제해야 하고, 여성은 어머니·교육자·아내로서 가정의 영역을 지배해야 한다고 믿었다.[95]

일부 정치가와 여성 활동가는 혁명 초기에 남녀평등권 사상을 지지했지만 그들의 수는 아주 적었다. 극작가 올랭프 드 구즈 Olympe de Gouges[1748-1793]는 1790년 가을 「인권선언」을 [「남성의 권리선언」으로 해석하고] 풍자해서 남녀의 동등한 지위를 요구하는 「여성의 권리선언」을 발간했다. 그러나 그는 아무런 성과도 얻지 못했고, 훗날 공포정 시기에 지롱드파에 공감했다는 이유로 (1793년 11월 3일) 처형당했다. 여성 활동가로서 지지기반이 미약하지 않고 심지어 야심만만하고 정치적으로 기민한 사람들, 이를테면 지롱드파의 주요 인사이자 1792년 내무장관의 부인인 마담 롤랑 같은 사람은 남성이 결코 여성의 권리를 인정하지 않을 것임을 알았기 때문에 투표권 투쟁을 벌이지 않았다. 그들 중 일부는 자코뱅 클럽, 민중협회, 구민회의에 방청객으로 참석하고 파리의 급진적 민중협회는 그들을 완전한 회원으로 받아들였다. 파리와 지방 소도시에는 여성 전용 클럽이 있었지만 투표권을 얻기 위해 노력하는 대신 자선활동이나 전쟁을 돕는 일을 했다. 가장 급진적인 여성 클럽으로 1793년 4월 파리에서 처음 문을 연 여성공화주의자혁명협회는 식량 문제와 과격한 상퀼로트의 정치적 요구에 관심을 가졌고, 결코 투표권 문제를 제기하지는 않았다.[129], [145]

대다수의 자코뱅파는 여성을 자유의 상징으로 이용할 수 있다고 생각하고, 1792년부터 (자유의 상징인) 프리기아 모자를 쓰고 가슴을 드러낸 마리안의 모습을 자유의 상징으로 활용했다. 그러나 공포정 시기에도 곤봉을 휘두르고 동물 가죽을 둘러쓴 채 건장한 가슴을 드러낸 헤르쿨레스의 남성상이 마리안을 몰아냈다.[148] 그래서 1793년 10월에 여성공화주의자혁명협회가

자유의 상징인 프리기아 모자.

혁명의 삼색 표식을 다는 문제를 놓고 시장 아낙네와 언쟁을 벌여 사회 문제를 일으켰을 때, 자코뱅파는 참지 못했고, 앞의 4장에서 보았듯이 국민공회는 협회를 폐지하라고 명령했다. 폐쇄를 권유한 구국위원회는 여성의 결점을 보는 자코뱅파의 견해를 명확히 진술했다. **"남성의 정치적 교육이 여전히 걸음마 단계라는 사실, 또 모든 원리를 아직 완전히 발전시키지 못했고 아직도 자유라는 낱말을 더듬거리며 발음하고 있다는 사실을 고려한다면, 아직까지 도덕 교육도 받지 못한 여성의 계몽 수준이 얼마나 낮은지 알 수 있을 것이다. 여성이 민중협회에 참여한 뒤 정부에서도 활동하게 된다면 남성이 그랬던 것보다 더 인민을 잘못과 유혹에 노출되도록 만들 수 있다. 게다가 여성은 체질적으로 공적 생활의 모든 곳에서 우쭐해질 가능성이 크다. 쉽게 흥분하는 여성의 기질 때문에 분열과 무질서가 쉽게 발생하고 국가의 이익은 곧 훼손될 것이다."**[▶95, ▶145]

공포정은 여성이 정치적 권리를 얻을 수 있다는 희망을 포기하게 만들었지만, 혁명 초기부터 그들의 권리를 개선하는 과정을 막지는 않았다. 1791년에 여성은 남성과 동등한 상속권을 받았다. 이렇게 해서 남성에게만 상속권을 인정한 구체제의 전통이 깨졌다. 〔1792년 9월 20일에 입법의회가 마지막 회의에서 호적법을 제정해서〕여성도 남성과 동등한 발판에서 21세부터 〔성인으로서 부모의 동의 없이〕결혼하고 법적 증인이 되고 재산을 소유할 수 있었다.[1] 1792년 9월 [20일에 호적법과 함께] 이혼법을 제정하자, 여성도 남성처럼 불화, 정신이상, 폭력, 의무 불이행을 이혼사유로 제시하고 결혼생활을 끝낼 권리를 가졌다. 파리·리옹·루앙의 지방연구에서는 모든 이혼의 4분의 3에서 여성이 남성의 의무 불이행, 잔인성, 폭력, 불화를 사유로 제시했다. 1793년 6월 국민공회가 유부녀와 독신 여성에게 남성과 똑같은 권리를 주고 농촌 마을 주민 대다수가 합의하면 공유지를 주민에게 골고루 나눠주도록 토지개혁을 했을 때, 농촌 여성도 그 혜택을 보게 되었다. 그러나 법적 평등도 불리한 점은 있었다. 여성이 정치적 권리를 갖지 못했어도 그들의 행동에 정치적 책임을 져야 한다고 보았기 때문이다. 공포정의 희생자에는 마리 앙투아네트와 마담 롤랑 같은 여성이 포함되었고, 파리의 단두대 희생자 가운데 10퍼센트 이상이 여성이었다.

공포정이 여성의 사회적·경제적 권리를 늘렸지만, 노예제 폐지를 달가워하지는 않았다. 1789년에 프랑스는 카리브 해의 섬을 가지고 노예·설탕·커피·담배·염료 무역을 활발히 했다. 보

---

1 단 남자 15세와 여자 13세부터 부모, 보호자의 동의를 받으면 결혼할 수 있게 했다. 1792년 호적법이 나오기 전에는 남녀가 각각 14세와 12세면 부모의 동의를 받아 결혼할 수 있었지만, 완전한 성인이 되려면 만 25세가 되어야 했다. 초혼 연령은 귀족의 경우를 제외하고 대체로 남성이 27세 이상, 여성이 25세가 흔한 경우였다.

르도·라 로셸·낭트 같은 서해안 항구는 (오늘날 아이티가 된) 서부 생도맹그, 과들루프, 마르티니크와 무역을 하면서 번영했다. 프랑스 출신의 백인 농장주는 대규모 토지를 소유하고 서아프리카에서 사들인 흑인노예를 부렸다. 두 부류 사이에 제3의 사회적 범주로 '자유유색인'이 있었다. 이들은 해방노예와 혼혈인의 후손이었다. 수많은 자유민이 재산과 노예를 소유했지만 합법적 직업이나 정치·행정에 참여할 수 없었고, 사회적으로 백인보다 열등한 대접을 받았다. 그러나 숫자상 백인은 생도맹그에서 3만 명 이하로 소수였고, 자유민이 2만 명 정도에 노예가 50만 명 이상이었다.

1789년 전국신분회 선거에서 정치적 상황이 변치 않기를 바라는 식민지 농장주들이 대표를 선출했다. 그러나 「인권선언」의 원칙을 바탕으로 정치적 권리를 요구하는 자유민의 도전을 받았다. 1790년 가을에 그들은 자유민이 봉기했을 때 진압했지만, 1791년 8월에 북부 생도맹그에서 노예반란이 일어나자 자유민도 가세했다. 입법의회는 1792년 4월 자유민의 마음을 사려고 그들에게 동등한 권리를 주었고, 레제 펠리시테 송토나Léger-Félicité Sonthonax[1763-1813]와 에티엔 폴브렐Étienne Polverel[1740-1795]에게 국민방위군 1만 2,000명을 주고 대서양을 건너 반란을 진압하도록 했다. 병력 절반 정도가 곧 열병에 걸려 죽었지만, 나머지 병력은 1793년 봄에 반란을 거의 통제할 수 있었다. 그러나 그때 즈음 영국과 에스파냐가 프랑스와 전쟁하기 시작했고, 과들루프와 마르티니크의 농장주들은 노예제를 유지하게 해주겠다는 영국에 충성했다. 영국과 에스파냐는 즉시 생도맹그의 프랑스 식민지를 침공했고, 노예들을 해방시켜주겠다고 약속하면서 지지를 끌어냈다. 송토나는 생도맹그 섬을 프랑스가 계속 지배하려면 오로지 노예해방을 약속해야 한다는 사실을 깨닫고 1793년 8월에 노예제도를 폐지한다고 선언했다. 멀리 떨어진 파리에서 국민공회는 상황을 제대로 파악할 수 없었고, 그러한 결정에 아무 역할도 하지 못했지만, 1794년 2월 4일에 그 소식이 도착하자 노예제 폐지를 비준하고 카리브 해의 다른 식민지의 노예까지 해방시켰다. 해방노예의 도움을 받은 프랑스는 에스파냐와 영국을 생도맹그 밖으로 쫓아냈고, 노예 출신 투생 프랑수아 도미니크 루베르튀르François-Dominique Toussaint Louverture(1743-1803)가 반란을 통제했다. 그는 1797년에 지사와 사령관이 되었지만 나중에 강제노동의 형식으로 노예제를 부활시키고 나서 1801년에 생도맹그 섬의 독립을 선포했다. 그는 프랑스의 침공을 받고 패배한 뒤 프랑스로 붙잡혀 가서 2년 뒤에 죽었다. 그러나 프랑스는 그 섬을 일시적으로 장악했을 뿐이다. 1803년에 섬사람들은 프랑스 군대를 쫓아내고 아이티 공화국을 세웠다.▶180, ▶186

가난, 토지, 복지

노예제 폐지는 대체로 우연한 결과였다. 국민공회가 〔1793년 3월 6일〕 송토나의 결정을 받아들였기 때문이다. 자코뱅주의는 가난과 교육 분야에서 더 주도적이었다. 자코뱅파는 가난 문제에 관한 루소의 의견에 동의했다. 개인이 독립하려면 적은 재산이라도 가져야 하며, 자급자족의 농부와 장인들의 사회가 안정적이고 덕을 갖춘 사회가 될 것이다. 사실 그들은 1793년 봄에 방데 반란과 전쟁 패배로 일어난 위기가 가격통제와 경제적 단속을 정당화해주고 가난한 사람들도 음식을 얻을 수 있게 해준다는 사실을 인정했다. 그것은 자유재산권을 방해하는 일이었지만 그때는 전시였으며, 그들은 생존하기 위해 정치적 지원을 받을 속셈으로 상퀼로트의 요구를 들어줬다. 근본적으로 그들은 사회주의적 마음을 가진 경제적 자유주의자로서 자유시장을 믿으면서도 사회적 조화를 생각해서 시장을 규제할 필요가 있다는 사실도 알고 있었다. 루소처럼 그들도 게으름·부패·사치를 부추긴다는 이유로 극단적 부를 승인하지 않았다. 혁명 정책은 이러한 믿음을 확증하는 것처럼 보였다. 자코뱅파는 연방주의와 반혁명이 귀족과 부유한 중류 계급의 작품이며, 나쁜 영향을 끼쳐 호화로운 비단 산업을 망쳐놓았다고 믿었다.[162] 그들의 시각은 분명히 우직했다. 방데 반란은 대대적으로 농민의 지지를 받았고 연방주의는 중간 계급 이하 계층과 장인들의 지지를 받았기 때문이다. 그러나 그 신념은 자급자족의 농민, 근면한 장인, 소상인, 임금노동자들이 극빈자로 떨어지거나 지나친 부자로 격상하지 않고 소박하게 살아갈 수 있는 사회를 꿈꾸는 그들의 이상과 맞았다. 정부의 역할은 빈자를 비참한 상태에서 빠져나오게 돕고 부자의 재산을 적당하게 유지해주면서 덕을 고취시키는 일이었다. 이것은 상퀼로트의 견해와 분명히 달랐다. 상퀼로트는 자유 시장 경제가 사회적 탐욕을 채우기 위한 처방이라고 비판하고, '도덕 경제'를 실시해 모든 사람의 생활수준을 합리적으로 유지하도록 물가와 임금의 수준을 결정해야 한다고 생각했다. 그들은 인민에겐 생존권이 있고 모든 것에는 '적정 가격'이 있으며, 흉년에 물가가 오르면 정부가 개입해서 물가를 바로잡아야 한다고 주장했다. 18세기 유럽에서 가난한 사람들이라면 누구나 이렇게 믿었고, 19세기 사회주의는 이 신념을 물려받았다.[143]

따라서 공포정 시기 사회적 차원의 입법은 상퀼로트의 압력에 대한 단기적 반응과 가난을 구제하고 재산권을 고취시키려는 장기적 조치의 혼합이었다. 1793년 8월에 상퀼로트의 압력을 받아 식료품 투기방지법을 통과시켰다. 이 법은 곡식을 시장에 내놓지 않으면 사형이라고 규정했다. 1793년 9월 29일의 전반적 최고가격제는 기본적인 생필품 값을 1790년 수준에서 3분의 2 이하만 올려 받도록 정했다. 두 조치는 파리에 곡식 공급을 개선하는 효과를 발휘했지만 영향력은 한정되었다. 최고가격제는 도매상이 소매와 운임의 이문을 남길 수 없었기 때문이다. 그래서 수많은 농부는 곡식을 팔지 않겠다고 하거나 사형을 받는 한이 있더라도 좀더 비싸게 팔려고 암시장에 내놓았다. 1794년 2월 정부가 그들에게 이문을 좀더 많이 남겨주려고 가격을 올리는 결정을 내렸지만 영향은 미미했고, 1794년 여름에도 식량 공급은 여전히 숙제로 남았다.▶1

장기적 조치는 재산권과 사회복지에 초점을 맞췄다. 혁명 직전 대다수 농민은 토지를 전혀 갖지 못했거나 겨우 먹고살 만큼 가졌다. 사회의 맨 밑바닥 계층은 계절별 농업노동자로 일해서 겨우 입에 풀칠을 하거나, 자기 소유의 땅뙈기에서 나오는 것으로 보충했다. 수많은 노동자가 수확기에 일거리를 찾거나 겨울에는 마을에서 구걸이나 막일을 구하려고 옮겨 다녔다. 전前 산업화 시대에 지위를 향상할 수 있는 유일한 희망은 재산권을 확장하는 데 있었지만 자코뱅파가 기존 소유자의 재산권에 눈독을 들이고 있었고, 그 수도 터무니없이 적었기 때문에 거의 이룰 수 없는 꿈이었다. 그래서 혁명정부는 공유지나 교회 토지, 그리고 망명자나 반혁명 혐의자의 토지에 대한 법을 제정해서 겨우 가장자리만 고칠 수 있었다. 〔1793년〕 6월 10일 법은 공동체의 구성원 3분의 1이 요구하면 여성까지 포함한 모든 성인이 공유지를 나눠 가지도록 명령했다.² 이것은 토지를 갖지 못한 사람에게 토지를 주고 기존의 소규모 소유자에게도 혜택을 주려는 의도였다. 그러나 국민공회가 뜻하는 대로 이루어지지 않았다. 공유지가 없는 공동체, 또는 기껏해야 거칠거나 늪지로 경작에 적합하지 않은 땅만 가진 공동체가 다수였기 때문이다. 경작할 만한 땅을 공유한 마을에서도 가난한 사람은 땅을 조각내서 나누기보다 공유지로 두고 방목과 이삭줍기 권리를 유지하는 편이 낫다고 생각했다. 정작 분배를 한다 해도, 가난한 사람은 땅이 너무 작아서 별로 할 것도 없을뿐더러 현금도 필요했으므로 자기 몫을 받은 뒤에 팔아버리는 일이 잦았다. 그래서 그 법은 한계를 가졌다. 망명자와 교회 토지에 대한 조치도 마찬가지였다. 1793년 6월 3일 국민공회는 망명자의 몰수 토지는 작은 조각으로 팔아서 소규모 토지 소유자나 무소유 농민이 살 수 있게 한다는 법을 통과시켰다. 그 후 9월에 토지 없는 농민에게 500리브르짜리 상환권을 주어 저리로 20년 동안 갚게 했다. 12월에 교회 토지도 똑같은 조건으로 처분하게 했다. 그러나 수많은 조치가 거의 효과를 내지 못했다. 매각한 땅은 대개 가난한 사람이 500리브르

---

2 이날 '공유재산 분할법Décret concernant le mode de partage des biens communaux' 과 함께 '왕실가구 창고와 왕실비 처분법Décret relatif au mode de vente du mobilier du Garde-Meuble et de la ci-devant liste civile'을 통과시켰다.

짜리 상환권으로 살 수 있을 정도의 크기를 넘어섰기 때문이다. 소수의 도에서만 당국이 조치를 이행하려고 애쓴 덕택에 남보다 가난한 농민이 실제로 혜택을 받았다.[62], [123]

1794년 초봄 구국위원회는 앞서 제5장에서 보았듯이 문제를 더욱 급진적으로 접근하기 위해 방토즈 법을 제정했다. 반역 죄로 판결받은 사람들의 재산을 가난한 사람에게 나눠주고, 6개 위원회를 설치해서 모든 반혁명 혐의자 사건을 검토하라는 내용이었다. 전국의 시정부는 유죄선고를 받은 혐의자들의 재산을 나눌 수 있도록 보상받을 자격을 갖춘 빈자 목록을 작성하라는 명령을 받았다. 생쥐스트는 구국위원회의 법안을 발의할 때 그 법이 유럽 사회에 새로운 시대를 열어줄 것이라고 선언했다. **"우리는 프랑스 땅에 더는 빈자나 압제자가 필요 없음을 유럽에 알려줍시다. 이러한 본보기가 지구상에 번창하도록 만듭시다. 그리하여 덕과 행복을 사랑하게 합시다. 행복은 유럽에서 새로운 관념입니다!"** 그러나 사람들은 그 법을 충심으로 따르지는 않았다. 구국위원회에서 사회를 변화시키려고 가장 열심히 전념했던 생쥐스트나 로베스피에르가 후속 정책을 진지하게 생각했는지 의문이 들 정도다. 6개 위원회에서 단 두 개만 1794년 가을까지 설치되었을 뿐이며, 그동안 주인이 바뀐 토지는 하나도 없었고, 법은 더는 실시되지 않았다.[101]

빈자에게 토지를 나눠주는 일은 거의 진행되지 않았지만 직접적인 가난 구제는 좀더 많은 성과를 냈다. 1789년까지 종교적 자선이 가난 구제의 주요 원천이었지만 교회 재산을 몰수한 뒤에는 그것이 붕괴했다. 제헌의회와 입법의회는 그 대신 세속적 대안을 마련하려는 계획을 세웠지만 문제의 규모가 감당할 수 없을 정도로 컸고 돈도 없었기 때문에 해결책을 마련할 수 없었다. 그러나 1793년 3월 19일 국민공회는 국가복지 체계의 원리를 수립하는 법을 통과시켰다. 그것은 앞으로 열두 달 이상 조금씩 자리를 잡아갔다. 6월 28일에는 디스트릭트마다 미혼모와 업둥이들을 돌볼 '산모와 업둥이 보호소'를 설치하라는 법이 나왔다. 일부 디스트릭트에서는 실제로 이행했지만 그 수는 적었다. 재원이 부족한 이유도 있었고, 당국이 더 급히 해결할 문제가 많았기 때문이다. 1794년 5월 11일(공화력 2년 플로레알 22일)에는 복지계획을 구체적으로 이행하기 위해 '국가구빈사업 등록부'[3]를 작성하라는 좀더 실질적인 법이 나왔다. 도 당국은 이 법을 적용해서 도내 극빈자 노인, 고질병 환자, 자녀 세 명을 기르는 과부, 자녀 두 명을 길러야 함에도 남편에게 버림받은 여성의 명단을 작성했다. 각 도에서 작성한 명단에서 범주마다 최대

---

3 저자가 'Great Book of National Charity'라고 옮긴 이 말의 원어는 'Livre de la bienfaisance nationale'이다.

400명까지 매년 국가의 연금 대상자였다. 극빈자 노인과 고질병 환자는 160리브르, 과부와 버림받은 어머니는 60리브르를 받을 수 있었다. 또한 빈자층 가정 의료 돌봄제도를 마련했다. 이로써 그들이 위생 상태가 열악하고 십중팔구 죽음을 보장하는 [이름뿐인] 병원을 멀리할 수 있게 해주었다. 법적으로 연금을 받는 사람은 비교적 소수였고, 법의 의도가 기초생활을 보충해주는 데 있었지만, 근본적으로 빈곤한 농촌에 제한적이나마 성공한 정책이었다. 그 계획을 도시와 마을로 확장하려는 계획은 공포정이 끝났을 때 대대적으로 축소되었고 결국 흐지부지되었다.▶123

교육과 선전

구국위원회의 사회개혁을 방해하는 온갖 장애에서 근본적인 문제는 돈이 부족했다는 점이고, 특히 교육 분야에서도 돈이 절실히 필요했다. [1789년의 「인권선언」보다] 한층 더 발전한 1793년 헌법의 「인권선언」은 교육권을 '보편적으로 필요한 권리'로 규정했다. **"사회는 모든 힘을 쏟아 공중의 이성을 증진하고 모든 시민이 교육을 받도록 해야 한다."** 이처럼 혁명의 이상에 어울리는 시민이라는 새로운 의미를 창조하는 길을 교육에서 찾았다. 1789년 이전에는 모든 교육을 교회가 통제했다. 교구 학교에서 기본 교육을 하고, 중등교육 차원에서는 사교육 중등학교가 학비를 받고 중류 계급을 위한 교육을 실시했다. 1789년 혁명이 일어나 교회 재산을 몰수하면서 교회에서 돈줄을 끊어버리자 교회의 자선사업과 함께 교육도 무너졌다. 더욱이 가톨릭교회와 충돌하면서 모든 교단을 폐쇄하자 그 체제는 거의 붕괴했다. 제헌의회와 입법의회는 야심만만한 개혁안을 내놓았지만 계획 단계를 넘지 못했다. 그래서 자코뱅파 의원들이 민주공화주의 원칙을 아동에게 가르치려는 새 교육제도를 발의했고, 국민공회는 그 도전을 받아들였다. 일부는 비현실적이고 이상적이었다. 생쥐스트는 구국위원회에 뽑히기 전에 아기를 모유로 키우는 계획을 제안했다. 그렇게 해서 아동은 다섯 살까지 어머니의 교육을 받는다. 그 뒤 사내아이는 시골의 기숙학교에서 제복을 입고 밤에 바닥깔개 위에서 자고 식물과 우유제품으로 소박한 음식을 먹는다. 그들은 열 살까지 읽기·쓰기·수영 등 기초교육을 받고 나서 (생쥐스트가 옛 스파르타 도시국가를 사모했으므로) 6년간 군사훈련을 받고 틈틈이 농사일을 배운다. 열여섯부터 스무 살까지 그들은 농사짓기와 수공업을 배운 뒤 4년간 군복무를 하고 20대 중반 정도에 민간인으로 돌아간다. 계집아이는 여섯 살이 넘으면 공식 교육을 받지 않고, 가정에서 어머니 곁에 있어야 한다. 이것은 사실상 자코뱅파의 이상에 맞았다.[140]

1793년 1월 루이 16세 처형에 투표한 뒤 왕당파에게 살해당한 자코뱅파 의원 펠릭스 르펠티에[4]도 교육을 완전히 통제해야 한다고 생각했지만 계집아이도 사내아이와 동등하게 취급해야 한다는 안을 세운 적이 있었다. 1793년 7월 로베스피에르는 국민공회에서 그가 남긴 안을 읽고, 다섯 살부터 모든 어린이를 국립기숙학교에서 7년 동안 제복을 입혀 함께 밥을 먹이고 똑같은 과목으로 교육하자고 제안했다. 모든 시민이 애국자인 평등사회에 맞도록 잘 훈육하고 열심히 노력하는 공화주의 정신을 어린이에게 고취하자는 것이 교육 목표였다. **"똑같이 취급하고, 똑같이 먹이고, 똑같이 입히고, 똑같이 가르치면, 어린 학생들은 평등이 특별한 이론이 아니라 지속적 효과를 내는 실천으로 알게 될 것입니다."**

프랑스 어린이에게 다행인 점은 대부분의 의원이 이 계획을 너무 준엄해서 쉽게 받아들일 수 없다고 생각했으며, 르펠티에가 고안한 교육제도를 재정적으로 뒷받침할 특별세를 걷는 방안도 채택하지 않았다. 그 대신 1793년 12월 19일(공화력 2년 프리메르 29일) 국민공회는 교육위원회의 가브리엘 부키에Gabriel

---

4 저자는 루이 미셸 드 생파르조Louis-Michel Lepeletier de Saint-Fargeau(1760~1793) 를 그의 동생 페르디난드 루이 펠릭스 르펠티에Ferdinand Louis Félix Le Peletier de Saint-Fargeau(1767~1837)와 혼동했다. 펠릭스는 형이 죽은 뒤 조카(형 루이 미셸의 딸)의 보호자가 되어 국민공회와 자코뱅 클럽에서 몇 차례 연설했다.

Bouquier[1739-1810]가 발의한 안을 통과시켰다. 부키에 법은 범위를 제한하면서도 좀더 자유주의적인 교육을 실천하는 내용으로, 여섯 살부터 여덟 살까지 어린이에게 세속 교육을 무료로 의무화한다고 규정했다. 교과목은 읽기·쓰기·산수와 「인권선언」을 기초로 초보적인 애국심 교육으로 한정했다. 국가는 학교를 제공하지 않는다. 그 대신 애국심을 인정받은 사람은 누구나 학교를 열 수 있고 지방자치체는 건물을 마련해줄 수 있었다. 국가는 교사에게 봉급을 주고 교과서를 제공하고 교사양성기관을 설립할 것이다. 공교육위원회가 적합한 교과서를 선정하겠지만 재원이 부족하기 때문에 그 계획도 별 성과를 내기란 어려울 것이었다. 1794년 10월에 전국의 모든 디스트릭트를 조사해보니 학교의 할당량을 채운 곳은 10퍼센트 미만이었다.[149, 174]

검열제도와 선전을 활용해서 성인의 시민교육을 제공하는 일에는 좀더 지속적인 노력을 기울였다. 1789년의 혁명은 전반적인 문화활동을 질식시키는 구체제 검열제도를 폐지하면서 시작했으며, 출판의 자유를 지지하는 목소리를 로베스피에르보다 더 크게 낸 사람은 없었다. 그러나 공포정 시기에 모든 상황이 바뀌고 사상과 표현의 자유는 위험하며 체제를 뒤집어엎는 것이라고 보았다. 언론검열에 대해 이렇다 할 법은 공포정 시기에 하나도 없었고 책·정기간행물·신문에 대한 구체제 검열제도로 돌아가지도 않았다. 결국 나폴레옹이 그 문제를 해결했다. 하지만 억압적인 법을 마련하는 사람들은 자유 연설과 정치 논평의 범위를 잔인하게 축소했다. 1792년 12월 4일의 법은 군주정을 지지하면 사형이며, 〔1793년〕 3월의 두 법은 (방데 반란 같은) 무장반란을 지원하거나 (이른바 '농지법'인) 토지 균등분배를 주장하면 사형이라고 규정했다.[5] 9월 17일 반혁명 혐의자법은 반혁명을 어떤 형태로든 지원하면 사형이라 규정했으며, 공포정 시기에 데물랭과 에베르 같은 수십 명의 인쇄업자·출판업자·신문기자를 바로 이 혐의로 처형했다. 신문기자들은 검열제도 때문에 고양이와 쥐 놀이를 하면서, 정부 정책을 비판할 때 암시와 이중의 뜻을 이용하고 왕당파의 전언을 암호화했다. 그러나 그들은 아주 극소수였다.▶[58]

구국위원회와 국민공회는 신문기자·인쇄업자들을 투옥하고 처형하는 한편, 신문사와 저술가들에게 돈을 주고 찬양 글을 쓰게 했다. 국민공회는 『국민공회보』를 발간해 의원들의 토론과 그간 통과시킨 법을 실었고, 구국위원회는 독자적인 신문인 『구국신문Feuille de Salut Public』에 돈을 지원했다. 9월 19일 국민공회는 마르세유의 연방주의자 당국이 자코뱅파 여덟 명을 처형할

---

5 3월 18일의 법은 과격파 앙라제의 농지법을 벌하려는 취지였고, 19일의 법은 30만 징집에 반대하는 무장봉기를 벌하려는 취지였다.

때 이들이 형장으로 가는 도중 〈라 마르세예즈〉를 불렀다는 소식을 듣고 공교육위원회에 영웅적 행위를 기록할 방안을 마련하라고 명령했다. 일주일 후 공교육위원회는 영웅적 행위를 일간지에 알리는 방법이 좋겠다고 결정했지만, 열흘마다 한 번씩 소책자를 발행하는 안을 채택했다. 그렇게 해서 12월 말에 좌파 자코뱅 의원 레오나르 부르동Léonard Bourdon[1754-1807]이 편집한 『프랑스 공화국의 영웅과 시민의 행동 사례집Recueil des actions héroïques et civiques des Républicains français』 첫 호를 발간했다. 국민공회는 이 책자를 전국에 10만 부 이상 나눠주고 학교에서 애국심을 가르칠 때 쓰라고 명령했다. 그 후 이듬해 여름까지 네 번 더 발간했고 발행부수를 15만 부까지 늘렸다. 각 호는 16쪽이었고, 1790년 님에서 종교적 폭동이 일어났을 때 죽어가는 가톨릭교도를 구해준 개신교도 이웃의 용기부터 전방에서 공화국을 위해 목숨을 아끼지 않은 군인들의 영웅적 행위까지 여러 가지 영웅심과 용감한 행위의 사례를 실었다. 파리의 자코뱅 클럽은 1793년 여름에 일간신문을 발간해 클럽의 토론과 일반 소식, 논설을 실었다. 지방에서도 몇몇 클럽이 신문을 발간해서 자기네 활동을 선전하고 회원의 사기를 북돋웠으며, 국민공회는 정기적으로 관보를 발간해서 최신의 법을 소개했다. 전쟁장관과 내무장관 같은 정부 핵심 장관들도 신문을 구매해서 군대와 국내 민간 행정당국에 나눠주는 데 막대한 돈을 썼다.[58, 149]

선전을 위해 연극도 이용했다. 연극은 빈자와 문맹자에게 호소할 수 있는 이점을 갖고 있었다. 1791년 1월에 연극 검열을 폐지했고, 전통 있는 극본을 다수 각색하거나 새로운 극본을 의뢰해서 혁명의 가치와 이득을 강조했다. 그러나 1792년 군주정을 무너뜨린 뒤 검열제도가 슬금슬금 되살아나고 왕과 황제를 생각나게 하는 내용을 제거하도록 했다. 공포정 시기에 좀더 체계적인 통제를 시작했다. 1793년 7월 말 구국위원회는 연극 연출가들을 불러다 건전한 작품으로 공연목록을 채우라고 통고했다. 8월 2일의 법은 일주일에 적어도 사흘을 애국 연극을 공연하도록 하고 군주정에 동조하는 연극을 공연하면 즉시 극장문을 닫게 만들겠다고 경고했다.[6] 파리의 주요 극장 가운데〔혁명 이후 '오데옹 국립극장'이었다가 1990년부터 '유럽 오데옹 극장'이 된〕'국립극장'은 9월 중순에 군주정에 동조하는 연극을 공연해서 문을 닫아야 했고, 배우들은 공포정 시기에 감옥에 갇혔다. 보르도의 한 배우는 무대에서 왕 역할을 했다는 죄로 붙잡혀 자기가 맡은 배역을 연기했을 뿐이라고 항변했지만 결국 처형당했다. 한

---

6 '연극공연법Décret relatif à la représentation des pièces de théâtre'은 1793년 8월 4일부터 9월 1일까지 파리에만 적용한 법이었다. 시정부는 파리의 극장을 지정해서 일주일에 세 번 브루투스, 윌리엄 텔, 가이우스 그라쿠스 같은 애국자와 영웅의 극을 올리도록 감독했다.

편 애국심을 고취하는 연극을 공연하는 극장은 지원을 받았고, 1794년 4월에는 검열제도가 부활해서 사전 승인을 받지 않고서는 아무것도 공연할 수 없게 되었다.

공포정 시기 500편 정도의 새 연극이 등장했고, 옛날에 나온 연극이지만 고대 그리스나 로마의 공화주의 가치를 찬미하는 연극은 형식을 바꿔서 공연했다. 대다수의 신작은 아주 교훈적이었다. 구체제의 악을 공격하고, 군사적 승리를 찬미하고, 군주정을 비웃고, 앞으로 닥칠 빛나는 이상향을 묘사했다.▶149 〈몽타뉴파와 이성이 무너뜨린 군주들〉은 유럽의 모든 군주가 몰락한 이야기였고, 〈조지 3세의 광기〉는 (영국 왕) 조지 3세George William Frederick(1738-1820)가 영국에서 민중반란이 일어나 민주공화국이 되는 과정에서 영국 해군이 연방주의자가 지배하는 (프랑스 해군기지 도시) 툴롱을 다시 장악했다는 소식을 듣고 미쳤다는 이야기였다. 이것은 1793~1794년의 겨울에 툴롱 탈환을 다룬 연극 여섯 편 가운데 하나였다. 실뱅 마레샬Sylvain Maréchal(1750-1803)이 쓴 〈왕들의 마지막 심판〉은 당시 가장 인기 있는 연극이었고, 1793년 10월에 무대에 올랐다. 이 연극은 유명해서 공포정이 끝날 때까지 10만 이상의 관객이 보았다. 구체제 말기에 부당한 판결을 받고 아무도 살지 않는 화산섬에 유배당한 가난한 상퀼로트의 이야기였다. 그는 혁명이 일어나자 구출되었고, 상퀼로트 계층은 그가 살던 섬에 (조지 3세. (러시아의) 예카테리나 2세, 에스파냐의 카를로스 4세, 오스트리아의 프란츠 2세, 심지어 교황까지) 유럽의 통치자들을 실어다놓았다. 그들은 거기서 온갖 모욕을 받으며 살다가 결국 화산 폭발로 산산조각이 났다.

시인·화가·조각가들도 공화국을 지원하는 작업에 동원되었다. 신고전주의 미술가이며 안보위원회 위원인 자크 루이 다비드가 미술 분야를 이끌었다. 다비드는 혁명의 영웅적 희생자와 승리자를 그렸다. 그의 걸작 〈마라의 죽음〉은 1793년 7월 샤를로트 코르데가 살해한 신문기자의 죽음을 주목하게 만들었다.▸[113] 문화개혁의 범위도 일상생활의 구석구석까지 확대했다. 1793년 8월 1일 국민공회는 구체제의 도량형 제도를 폐지하고 새로운 미터법을 도입했다. 언어도 바꾸어 강제로 프랑스어를 쓰게 했다.[7] 브르타뉴·카탈로니아·독일의 방언이 브르타뉴 지방·남서부·알자스 지방에 널리 퍼져 있었고, 남부의 대부분에도 '랑그도크langue d'oc' 같은 방언이 있었다. 한때 주교였던 자코뱅파 정치인 그레구아르 신부는 혁명 초기에 여러 지방의 방언을 연구했고, 이제 그것들이 공화국의 통일성을 위협한다고

---

7 18세기에 일상생활에서 프랑스어를 쓰는 사람은 1,000만 명 남짓했기 때문에, 왕령을 반포하면 소교구 사제들이 미사가 끝난 뒤에 읽어주었다. 프랑스 혁명 이념을 빨리 퍼뜨리기 위해 법과 공문서를 방언으로 번역하는 동시에 나라말을 프랑스어로 통일하는 정책을 추진했다.

주장했다. 반혁명가들이 방언을 이용해서 은밀하게 선전할 수
있기 때문이었다. 그는 파견의원을 방방곡곡에 보내 프랑스어를
널리 보급하라고 주문했으며, 1794년 1월에 국민공회는 모든
공식·공적 업무에 반드시 프랑스어를 쓰라고 명령했다.

이름과 장소, 자코뱅 클럽들

장소와 개인의 이름을 붙이는 방식도 태도의 변화를 보여주었
다. 구체제 시대에는 귀족주의를 모방하기 위해 이름에 가문과
장소 또는 사유지를 연결시키는 '의de'를 널리 썼기 때문에 혁명
기에는 [구체제 흔적인] '의'를 빼기 시작했다. 이제 귀족주의는
관심 대상이 아니었다. 그래서 브리소 드 와르빌Brissot de Warville
[1754-1793]은 단순히 브리소가 되었다.[8] 공포정 시기에 세례명
(기독교 이름)을 버리고 자연, 또는 고대 그리스인과 로마인, 또
는 혁명의 희생자들 이름을 썼다. 봉건법 전문가이자 나중에 가

---

8 원래 자크 피에르 브리소Jacques Pierre Brissot로 태어나 귀족 흉내를 내려고 아버지
의 소유지를 이름에 붙였다. 막시밀리엥 '드' 로베스피에르도 원래 막시밀리엥 로베스피
에르였다.

난을 없애려고 봉기를 계획해서 이름을 날린 프랑수아 노엘 바 뵈프는 '그라쿠스Gracchus'로 이름을 바꾸었다. 자코뱅 활동가들 은 빈[콩Bean], 브루투스, 메트룰루스,⁹ 아리스티드, 카시우스 마 라, 또는 르펠티에로 이름을 바꾸었다. 또한 지방마다 차이가 있 었지만 수많은 부모가 자녀에게 혁명식 이름을 지어주었다. 보 베에서는 거의 절반이었지만 푸아티에서는 겨우 소수만 그런 이름을 지었다. 전국에서 거의 3,000개 마을이(전체의 5퍼센트가) 이름을 바꾸었다. 일부는 (종교적으로 성인을 뜻하는) '생Saint'을 뺐고(그래서 생트 콜롱브는 그냥 '콜롱브'가 되었고), 또 어떤 마을은 혁명의 희생자들 이름을 차용했다. '마라'는 1794년 여름까지 21개 이상의 크고 작은 마을의 이름이 되었다. 르 아브르Le Havre 항구 이름도 (마라 항을 뜻하는) 아브르 마라가 되었다.▶149

애국심을 찬양하는 방식에는 축제도 한몫했다. 혁명의 첫 번째 국가축제는 국가가 최초로 이룩한 통일을 축하하기 위해 1790년 7월 (14일)에 개최한 전국연맹제였다. 그것은 수많은 축 제 중 가장 먼저 치른 행사였을 뿐이다. 초기의 축제는 대부분

---

9 메트룰루스를 여러 가지 자료에서 다양한 표기로 찾았으나 어떤 결과도 얻지 못했 다. 과거 인물이 아니라면 로마제국 시대의 골 지방 사람들이 로마식으로 이름을 지은 전통과 연결할 수 있겠다.

네 개의 오벨리스크와 고대 양식의 신전이 돋보이는 릴의 연맹제.

기독교와 혁명의 심상을 뒤섞고, 종교를 애국심의 재생과 연결시켜 화려한 행진, 세속과 종교의 음악, 대미사와 집단의 충성 맹세를 함께 보여주었다. 그러나 1793년 여름부터 기독교는 흥미의 중심을 벗어났으며, 축제는 완전히 세속화해서 고전고대, 자연, 혁명적 사건의 상징을 대대적으로 이용했다. 1793년 8월 10일 파리에서 '1793년 헌법' 비준과 1년 전의 군주정 몰락을 기리기 위해 처음으로 세속적 축제를 거행했다. 공포정 시기의 정부 공식 '의전담당관'인 자크 루이 다비드는 공화국의 가치를 강력하게 시각화해서 축제를 조직했다. 파리 동쪽 바스티유의 폐허에 자연의 형상으로 재생의 분수를 세우고 양쪽 가슴에서 물을 뿜게 했다. 거기서 출발한 행진은 1789년 10월 베르사유로 향했던 여성의 행진을 기념하는 홍예문을 지나 국민공회 앞의 혁명광장으로 갔다. 혁명광장에는 각 도 대표들이 모여 군주정의 상징물을 잿더미로 만들어줄 모닥불을 준비하고 있었다. 그곳에 왕정의 상징물을 발판으로 딛고 있는 자유의 상을 세웠는데, 행사를 시작할 때 거기에 가둔 비둘기 3,000마리의 발에 "우리는 자유다! 우리를 본받으라"고 쓴 천을 묶어 날렸다. 행렬은 다시 움직여 봉건주의의 '히드라'를 곤봉으로 때려 부수는 고대 영웅 헤르쿨레스의 24피트(약 7.3미터) 상을 지나 강을 건너서 소풍하듯이 샹드마르스로 갔다. 다비드는 축제의 형식을 마련했고, 1793~1794년 겨울에 전국의 도시와 마을에서 파리의 축제를 본받아 탈기독교 운동을 기념했다. 지방의 축제는 주로 정치 클럽과 행정당국이 조직했는데 다비드의 형식보다 더 반교권적 내용으로 꾸몄다. 이를테면 '미신'의 끝을 보여주기 위해 종교인의 상징을 태우는 행사를 돋보이게 만들었다.▶113, ▶170

죽음을 기념하는 방법도 바뀌었다. 1791년 제헌의회는 파리 좌안의 생트 준비에브 교회를 인수해서 〔국립묘지〕 팡테옹으로 바꾸고, 조국에 목숨을 바친 사람들을 안장하기로 했다. 시대적인 맥락에서 볼 때 〔거기에 모실〕 사람은 남성을 뜻했고, 〔1791년 4월 2일에 죽은〕 미라보와 〔1778년 5월 30일에 죽은 뒤 다른 곳에 묻혔던〕 볼테르의 유해를 1791년 여름에 장엄한 행진과 예식을 거행하면서 그곳으로 옮겼다. 그러나 미라보의 부패 소식이 퍼지자 곧 그의 유해를 제거했다.10 공포정 시기에 두 명 더 팡테옹에 안장했는데 한 명은 〔루이 16세 사형에 찬성표를 던졌다는 이유로 1793년 1월 20일 밤에 살해당한〕 르펠티에 드 생파르조 의원이었고, 또 한 명은 〔7월 13일 저녁에 샤를로트 코르데가 살해한〕 마라였

10 1792년 말 국민공회에서 루이 16세의 재판이 열리기 전에 지롱드파 내무장관 장 마리 롤랑Jean-Marie Roland de La Platière(1734-1793)이 튈르리 궁의 비밀금고 제작자의 제보를 받고 금고를 열어보니 미라보가 루이 16세에게 매수당한 증거가 나왔다. 롤랑이 국민공회에 보고하기 전에 독자적 판단으로 금고를 열었기 때문에 증거를 조작했다는 의심을 받았고, 지롱드파에게도 큰 부담이 되었다.

다. 국민공회는 [1778년에 죽어 에르므농빌 근처에 묻힌] 루소의 유해도 팡테옹으로 옮기기로 의결했다. 그리고 1794년 가을, 공포정이 끝난 뒤 [10월 11일에] 유해를 옮겼다. 마라의 유해는 정치적 분위기가 바뀌면서 팡테옹에서 꺼냈지만 루소의 유해는 건드리지 않았다.▶105

팡테옹은 오늘날까지 위대한 인물을 위한 기념관 역할을 하고 있지만 그 밖의 의전은 얼마 지나지 않아 사라졌다. 예를 들어 애국자를 공경할 공공기념관을 건립하려고 시도했다. 1792년 가을, 다비드는 최근에 싸우다 죽은 병사들의 이름을 새긴 화강암 기념비를 세우자고 건의했고, 국민공회는 나중에 그 제안을 받아들여 팡테옹 안에 검은 대리석 기념비를 세우는 안을 의결했다. 그러나 계획은 하나도 실현되지 않았다. 먼저 해결할 문제가 산더미처럼 쌓여 있었고, 더욱이 정치인들은 군인의 죽음을 기꺼이 기념할 마음이 없었기 때문이다. 이미 몇몇 지방의 자코뱅 클럽은 파리보다 먼저 혁명의 희생자나 그 지방 출신 전사자를 기리는 금자탑·기둥·기념비를 세웠다. 랭스는 1793년 8월에 금자탑을 쌓고 그 주위를 돌며 춤판을 벌였고 릴·브르타뉴·보주와 남부의 여러 지역에서 1794년 여름에 비슷한 행사를 거행했다. 기념건축물은 대개 1792년 군주정 폐지 이후 왕의 동상을 허문 곳에 세웠다. 한편 [인민의 친구] 마라도 기념건축물과 흉상으로 기리는 대상이 되었다. 1793년 7월 그가 살해당한 뒤 수십 개 흉상을 공공사무실, 구 중심지, 정치 클럽에 세웠다. 코르들리에 클럽은 정원에 그의 무덤을 만들었고, 오래 활동하지 못하고 폐쇄당한 '여성공화주의자혁명협회'는 이미 마라의 흉상, 욕조, 잉크병을 보관하고 있던 카루젤 광장의 금자탑에 그를 기리는 기념비를 세웠다.[106 / 11] 기독교 성인이 한 문으로 나가고 혁명의 희생자가 다른 문으로 들어섰다.

　끝으로 공포정 시기에 정부가 활용한 선전무기 가운데 가장 강력한 것은 자코뱅 클럽의 그물조직이었다.[64] 혁명 초기 자코뱅 클럽의 공식 이름은 통상적으로 '혁명의 친구들 협회'(현우회)였지만, 파리의 클럽이 도미니코 수도원, 일명 자코뱅 수도원에서 모였기 때문에 '자코뱅'이라는 이름이 생겼다. 공포정 시기에 대다수 클럽이 자기네 명칭에 '평등'을 붙여 '자유와 평등의 친구들 협회' 또는 단순히 '민중협회'가 되었다. 1793년 초 전국에 거의 1,500개의 자코뱅 클럽이 있었지만 1794년 여름에는 급속히 늘어나 6,000개 이상이 되었다. 전국의 마을 일곱 개 중 하나

---

11 7월에 (오늘날 카루젤 광장이라 불리는) '레위니옹 광장La Place de la Réunion'에 금자탑을 세워 마라와 1792년 8월 10일 튈르리 궁 공격에서 사망한 상퀼로트 라주스키 Lazouwski의 유해를 안장했다. 8월 18일에 여성공화주의자들이 국민공회에 들어가 그곳에 기념비를 세우는 행사를 하려는데 의원들도 참석해달라고 요청했고, 국민공회는 그 자리에서 24명의 대표를 참석시키기로 의결했다.

씩 가진 셈이었다. 대부분이 1793년 여름과 1794년 사이 공포
정 시기에 생겼다.[97] 대체로 파견의원들이 작은 마을에도 혁명
을 지지할 정치 클럽을 설립하도록 권장하고, 대중은 그것이 자
신들에게 이롭다고 판단했기 때문에 이처럼 대대적으로 팽창할
수 있었다. 정부가 파견한 특임집행관, 파견의원, 군 장성은 통
상적으로 임지에 도착하면 가장 먼저 정치 클럽에 들렀다. 그들
은 행정담당관을 임명하고 반혁명 혐의자를 체포하는 한편, 혁
명위원회와 정치 클럽이 합심해서 지방 행정부를 숙청하라고 권
장했다. 작은 마을의 클럽은 서로 자매결연을 하고 가장 가까
운 곳에 있는 큰 마을의 클럽과도 관계를 맺었다. 중간 크기의
800여 클럽이 파리 클럽과 자매결연을 했다. 이 절차에는 공식
요청서, 정치적 정통성 확인, 정기적 통신과 소식 교환이 포함되
었다. 대부분의 클럽이 파리 주변과 노르망디·북동부·남서부·
프로방스에 집중되었고, 이 다섯 지역의 정치적 수준이 다른 지
역보다 높다는 사실을 보여주었다. 마을의 협회들은 소규모였고
회원들이 겹치기도 했지만, 대다수 도시의 클럽은 회원을 수백
명씩 가졌다. 회원의 사회적 배경은 다양했지만, 시골에서는 그
지방 지주들이 중요한 역할을 맡는 경향이 있었고, 소지주와 소
농, 농업노동자들도 있었다. 소도시에는 장인과 소매상 회원이
공포정 시기에 눈에 띄게 증가했다. 이들은 파리의 상퀼로트 운
동에 참여한 사람들과 같은 부류였다. 디종 같은 지방 도시에서

그들은 회원의 절반 이상을 차지했다. 지방의 정치인·행정관들도 클럽 회원이었다. 그들은 정치적 후원자를 늘리고 행정 능력을 강화하기 위해 클럽을 이용했다.▶143

공포정이 18개월 이내에 끝났기 때문에, 그것이 프랑스 사회와 사람들의 태도를 얼마나 바꿔놓았는지 말하기는 어렵다. 단기적으로 그것은 분명히 실패했다. 공포정이 1794년 늦여름에 끝났을 때 공포정의 사회정책은 대부분 뒤집히거나 폐기되었기 때문이다. 빈자가 토지를 살 수 있게 배려한 법도 포기했고, 장소 이름은 옛날식으로 되돌아갔으며, 국가 차원의 초등 의무교육도 붕괴했다. 1794년 12월에 가격과 임금의 최고가격제를 폐지하고, 자유시장경제는 도시 빈민에게 비참한 결과를 안겨주었다. 최고존재 숭배도 사라지고, 자코뱅 클럽의 연계망도 강제로 폐쇄했다. 테르미도르 반동파는 공포정뿐만 아니라 자코뱅주의의 사회적 이상을 전반적으로 적대시했고, 1789년에 떠오른 재산권과 자립주의에 의존하게 되었다. 공포정 시기의 수많은 경제계획은 풍부한 국가 재정의 뒷받침을 받아야만 실천할 수 있었고, 1794년 가을에는 통화팽창과 막대한 전비가 국가 재원을 고갈시켰기 때문에 실질적인 경제 대책만 마련해야 했다. 그렇다고 해서 자코뱅파의 사회적 이상이 완전히 사라졌다는 뜻은 아니다. 총재부 시기에 신자코뱅파는 그 이상을 정치적 행동강령의 일부로 남겨두었고, 19세기[1814년부터 1830년까지] 부르봉

왕가의 왕정복고 시절 급진파 민주주의자와 〔1830년부터 1848년까지〕 7월 왕정 시절 사회주의자에게 넘겨주었다. 그즈음 혁명은 과거의 일이 되었고, 프랑스 사회를 변화시키려는 공포정의 야망은 19세기의 공상적 사회주의자들에게 넘어갔다.[204]

8

1794~1795년,
테르미도르
반동과
공포정의 끝

　　　　　　　　　　1794년 여름 이후에도 공포정을 실시했다면 혁명은 어떻게 되었을까, 예단하기 어려운 문제다. 방토즈 법은 빈자에게 별 도움을 주지 못했을 것이다.[1] 반혁명 혐의자 소유의 토지는 빈자의 문제를 해결하지 못할 만큼 너무 적었고, 더욱이 빈자는 대부분 토지를 별로 활용할 필요가 없는 도회지나 도시에 살았기 때문이다. 5월의 자선법[5월 11일 '국가구빈사업 등록부' 작성법]에서 약속한 돈은 과부·환자·노인의 생존을 도와주었지만, 액수가 적었기 때문에 최소한으로 그쳤을 것이다. 최고존재 숭배는 눈부시게 출발했지만 기독교와 비교할 수준의 종교로 발전할 기회를 얻지 못했다. 그것은 공포정과 밀접히 관련되었고, 사제·종교축일·성인이 돌아오기를 바라던 일반인에게는 너무 추상적인 종교였기 때문이다. 한편으로 단두대

1　생쥐스트는 망명자와 혁명 반대자의 토지를 몰수해서 빈자에게 나눠주자고 발의했고, 그렇게 해서 방토즈 법(공화력 2년 방토즈 8~13일, 1794년 2월 26일~3월 3일)이 나왔다.

가 계속 임무를 수행했다고 믿을 근거가 있다. 1794년 7월 말 파리의 감옥에는 거의 8,000명이 감금되었고 숫자는 확실히 증가하고 있었다. 그들을 모두 제거하려면 수개월이 걸려야 했으며, 그렇게 해도 평화로운 민주정으로 이행하는 일이 거의 불가능했을 것이다. 1794년 여름 대다수 관찰자의 눈으로 전망한다면, 구국위원회에 더 많은 권력을 주고 공포정을 더욱 가열 차게 실시해서 더 많이 죽여야 문제를 해결할 수 있었다. 그때 푸른 하늘에 날벼락 치듯 변화가 일어났고 공포정이 붕괴했다. 구국위원회가 정책을 바꿨기 때문이 아니라 위원들이 불화를 일으키고 국민공회가 그들 사이에 끼어들 틈을 만들었기 때문이다. 먼 훗날 프랑스 지도자인 샤를 드골은 프랑스의 독재는 대체로 지저분하게 끝났다고 지적했는데, 구국위원회의 몰락도 예외가 아니었다.

공포정의 지지 감소

여러 가지 요소가 함께 작용해서 공포정을 끝냈다. 전쟁이 첫 번째 요소다. 1793년 봄의 패배가 공포정을 탄생시키는 데 한몫했듯이, 1794년 여름의 승리가 공포정을 필요 없는 것으로 만들었다. 1793년 말 제1차 동맹군은 퇴각해야 했고, 이듬해 봄 카르노는 지난가을에 총동원령을 내린 덕에 80만이 된 병력을 이용해서 공세를 취하는 계획을 세웠다. 그는 갓 진급한 신세대 젊은 장성들에게 영감과 지도력을 주어 전문성을 갖추게 해주었다. 4월에 사르디니아를 침공하고, 뒤고미에 장군은 병력을 이끌고 피레네 산맥을 넘어 5월에 에스파냐의 카탈로니아로 진격했다. 그러나 오스트리아·프로이센·영국의 주력부대가 주둔한 북동부에 집중적으로 병력을 쏟아부었다. 북부군·중부군·아르덴군·모젤군의 4개 군 병력이 4월 말 합동작전으로 벨기에로 들어가 5월 18일에 투르쿠앵 전투에서 오스트리아군을 무찔렀다. 조금씩 밀리는 때도 가끔 있었지만 5주 후인 6월 25일과 26일에는 장 바티스트 주르당 장군Jean-Baptiste Jourdan〔1762-1833〕이 샤를루아를 빼앗고 플뢰뤼스 전투에서 오스트리아 주력부대를 무찔렀다. 2주 이내에 그는 벨기에 경계선을 넘어 브뤼셀을 점령했다. 9월 말에 샤를 피슈그뤼 장군은 네덜란드로 진격했다. 전쟁이 끝나려면 아지 멀었고 전투를 계속했지만, 지난해 여름 이후 나라를 짓누르던 퇴각과 패배의 망령은 사라지고 공포정의 필요성도 사라졌다.[51]

공화국이 외적의 침략에 안전했다면, 상퀼로트의 압력에도 예전보다 덜 취약했다. 파리의 상퀼로트 활동가들이 1793년 여름과 가을에 가장 많은 영향을 끼쳤을 때 전체 남성 인구의 10퍼센트 정도였다. 1794년 여름에 그 수는 많이 줄었다. 구국위원회가 에베르를 처형한 뒤 정치적으로 구민 활동을 엄격히 통제했기 때문이다.[169], [188] 수많은 상퀼로트가 경제 문제로 서로 멀리했다. 구국위원회는 1794년 2월 24일(공화력 2년 방토즈 30일) 도매상과 제빵업자의 운임과 이익을 고려해서 최고가격제를 수정했다. 그 때문에 빵 값은 올랐지만 공급은 원활하지 못했다. 구국위원회는 제르미날 30일(4월 19일)에 공급망을 직접 통제하기 시작했다. 그러나 그것은 상황을 개선시키지 못했다.[101] 고기와 채소는 구하기 힘들고 귀했으며, 날마다 빵을 배급받으려고 여전히 길게 줄을 서야 했다. 게다가 값까지 치솟았지만 구국위원회는 통화팽창을 두려워했기 때문에 임금을 올려주지 않았다. 3월에 로베스피에르는 상인들을 위해 상퀼로트를 고발함으로써 공공 사무직에서 물러나게 했고, 몇 주 뒤 파리〔코뮌〕의 특임집행관 클로드 프랑수아 드 파양Claude-François de Payan〔1766-1794〕은 임금인상을 요구하는 담배노동자 다섯 명을 체포했다. 국가가 운영하는 무기공장과 인쇄업에 종사하는 일꾼들이 1794년 봄 임금인상을 요구하면서 파업했을 때, 임금을 아주 조금 올려주고 일터로 돌아가라고 명령했다. 설상가상으로 테르미도르 5일(7월 23일)에 파리 코뮌은 지난해 9월에 통과한 최고가격제 조항을 처음 강제 적용해서 임금표를 발간했다. 파리의 임금은 1790년 이후 노동력 부족과 통화팽창 때문에 급등했지만, 이제 코뮌은 1790년의 임금에 50퍼센트를 더한 수준으로 동결했다. 그리하여 모든 업종의 임금은 절반까지 깎였다.[76] 단 며칠 후 로베스피에르가 단두대로 끌려갔을 때 1년 전만 해도 그를 숭배했던 상퀼로트가 길가에 줄지어 늘어서서 "망할 놈의 최고가격제!"라 외쳤다고 해서 조금도 놀랄 일이 아니다.[1]

수많은 상퀼로트가 공포정 시기의 정치에 대한 환상에서 깨어났다. 그들은 에베르와 코르들리에파의 처형에 깜짝 놀랐다. 그들은 구국위원회의 권위를 존중했기 때문에 위원회가 에베르에게 씌운 혐의를 믿었을지 모른다. 그리고 군중은 분명히 단두대로 끌려가는 그를 조롱하는 모습을 보여주었다. 그러나 에베르와 코르들리에 클럽의 급진파는 거의 1년 전부터 공포정과 가격통제를 요구하는 상퀼로트를 지지했다. 그래서 상퀼로트는 그들을 우상으로 보았는데, 그들이 반역죄로 처형당하는 것을 보고 혼란스러웠고 두려웠으며, 더는 구민회의에 참석하지 않았다. 48개 구의 대다수에서 활발히 모이고 과격한 선동의 중심역할을 하던 민중협회들도 정부의 압력을 받고 문을 닫았다.[169] 수많은 투사가 구민위원회에서 돈에 팔려 정부 관료로 뽑혔다. 그 결과, 전문혁명가들의 소집단이 정부에 충성하는 방향으로 구민회의를 이끌었다. 그렇게 해서 1년 전까지 그들의 영향력을 행사하는 원천이었던 역동성과 독립성은 사라졌다. 1794년 여름에 정치 활동이 부활했지만 실망스러운 수준이었다. 급진적 활동가들이 구민회의에서 발을 빼고 그 자리를 차지한 온건파가 주로 회의를 이끌었기 때문이다. 게다가 그들은 정부를 비판하는 데 회의를 이용했다. 몽타뉴 구區는 1793년 헌법을 지지하는 서명자 연명부를 만들었고 며칠 동안 2,000명 이상의 서명을 받았다. 그러나 구국위원회는 그것을 혁명정부의 지속을 넌지시 비판하는 행위로 보고 몽타뉴 구민회의를 폐쇄했다. 6월 말과 7월 초 여러 구에서 플뢰뤼스 승리를 축하하고 우애를 과시하는 연회를 베풀었지만, 온건파는 그 기회를 이용해서 혁명정부가 시대에 뒤떨어졌다고 비판했고, 그래서 그들도 역시 모임을 금지당했다.▶101

상퀼로트의 공포정 지지가 쇠퇴한 것처럼 국민공회 지지도 마찬가지였다. 거의 모든 의원은 군사적 패배를 피하고 내란을 진압하는 유일한 수단으로 공포정을 지지했지만, 이제 그들은 두 가지 목표를 모두 성취했다. 그들 가운데 다수가 투옥당하거나 처형당한 사람들의 친구였고, 그 자신의 생존 문제를 걱정하는 처지였다. 그들도 역시 분개했다. 당통의 친구들은 당통의 처형에 몹시 화가 났으며, 구국위원회가 봄에 너무 과격하다거나 너무 온건하다는 이유를 들어 파리로 소환한 파견의원들도 수치스러운 처지에 분개하고 자신의 생명을 걱정했다. 그들은 구국위원회가 첩자를 풀어 자기네 일거수일투족을 감시한다는 사실을 알고 있었고, [6월 10일의] 프레리알 법의 목적이 자신들을 체포하기 위한 조치라고 확신했다. 다수가 자신을 지키려고 무기를 소지하고 다니거나 밤마다 다른 곳에서 자면서 체포당하지 않으려고 노력했다. 아무도 구국위원회를 공개적으로 비판하지 못했지만, 은밀한 장소에서는 어떻게 행동해야 할지 논의했다.▶158

로베스피에르의 몰락

〔구국·안보〕 두 위원회가 언쟁을 시작했을 때 그들의 기회가 왔다. 4월에 구국위원회가 공안국을 설치했을 때부터 은근한 갈등이 시작되었다. 그때까지 치안업무는 안보위원회가 맡았는데, 이제 안보위원들은 사전 협의도 없이 자기네 권위를 훼손했다고 분개했다. 프레리알 22일(6월 10일) 법이 마찰을 더욱 심화했다. 로베스피에르와 쿠통이 안보위원회와 상의하지 않고 국민공회에서 발의했기 때문이다.▶119, ▶154 안보위원들은 사방에서 공포정을 지원했기 때문에 아무도 그 법에 반대하지 않았다. 그러나 그들은 자신들과 상의하지 않은 것이 자신들을 일부러 무시한 처사라고 생각했다. 더욱이 종교가 틈을 더 벌려놓았다. 안보위원회 위원 몇 명은 무신론자였고 최고존재 숭배를 역겹게 생각했으며, 심지어 로베스피에르가 슬그머니 기독교를 되살리려한다고 생각했다. 그들은 반격했다. 최고존재 숭배 행사를 치르

고 닷새 후 그들은 파리 중심가의 집에서 유명한 반혁명 인사들도 참석하는 종교모임을 연 78세의 종교적 신비주의자 카트린 테오Catherine Théot(1716-1794)를 붙잡았다. 테오는 '성모Mother of God'로 자칭하면서 성경에서 새 구세주가 온다고 예언하는 구절을 읽었다. 안보위원회의 마르크 바디에Marc-Guillaume-Alexis Vadier(1736-1828)는 6월 15일 국민공회에 테오를 체포했다고 보고하면서 그가 예언한 '구세주'가 바로 로베스피에르라고 넌지시 암시하고, 그가 로베스피에르를 위한 왕좌를 "팡테옹 근처 옛 법학교 자리에 기적적으로" 세울 계획을 짰다고 주장했다. 국민공회는 그 사건을 혁명법원에 보내기로 의결했지만, 그것을 계략으로 보고 화가 난 로베스피에르는 검사 앙투안 푸키에 탱빌Antoine Fouquier-Tinville(1746-1795)에게 그 사건을 기소하지 말라고 명령했다.[120]

두 위원회의 차이는 구국위원회 내부의 갈등으로 더욱 심화했다. 대다수 위원은 거의 1년 동안 하루 종일 일했고 심신이 모두 탈진한 상태였다. 수개월 동안 드러나지 않던 성격상의 차이와 불화가 표면으로 떠오르기 시작했다. 카르노는 지난봄에 군사공격 계획을 세울 때 생쥐스트가 간섭한 것을 두고 분노했다.[140] 콜로 데르부아는 리옹에 파견되어 그곳에 먼저 부임한 조제프 푸셰와 함께 일했는데, 로베스피에르가 푸셰를 극단주의 혐의로 소환했기 때문에 분개했다.[158, 160] 수많은 긴장관계에 로베스피에르가 끼어 있었다. 거의 1년 동안 그는 동료들과 협조하고, 과중한 업무를 떠안고, 국민공회와 자코뱅 클럽에서 정부 정책의 기본 원리에 대해 고무적인 연설을 하면서 구국위원회 위원의 본보기로 활동했다. 그는 한결같이 민주주의 이상을 옹호하고 흠잡을 데 없이 청렴하다는 명성을 얻은 데다 상퀼로트의 대대적인 지지를 받았기 때문에 구국위원회에서 소중한 존재였다. 그러나 그는 비판에 민감했으며, 혁명의 문제에 대해 자기가 항상 올바른 해결책을 제시한다고 나날이 더 확고히 믿으면서 언제나 몹시 긴장했다. 그는 1794년 2월에 사소한 신경쇠약증세를 보여주었고 여름에는 자신에 대해 조금이라도 비판하거나 자신이 내놓은 정책에 반대만 해도 반혁명 음모라고 생각하면서 지극히 상대하기 어렵게 변했다. 그는 일부 의원들이 자기를 잡으러 나왔다고 확신했고, 자기 이상을 위해 희생할 가능성에 대해 얘기하기 시작했다.▶139, ▶155 그가 6월 중순 비요 바렌, 콜로, 카르노와 격렬하게 언쟁하고 구국위원회 회의에 참석하지 않을 때부터 모든 일이 막바지로 치달았다. 그는 4주 동안 뒤플레 가족과 함께 숙소에서 정부 문서 작업에 몰두하면서 공식 출입을 극히 제한하고 여전히 자신을 우상처럼 받드는 자코뱅 클럽에만 나갔다.▶139, ▶152

그들의 불화는 모든 사람에게 알려지고 정부의 안정을 위협했다. 그래서 두 위원회는 7월 22일에 합동위원회를 열어 화해의 방법을 찾았다. 그들은 로베스피에르에게 이튿날 참석해달라고 요청하는 한편, 안보위원회가 치안에 더 큰 역할을 맡으며, 방토즈 법에서 반혁명 혐의자를 가려내기 위한 위원회 설치 조항을 더욱 빨리 이행한다는 내용에 합의했다. 로베스피에르는 이튿날 합동회의에 참석해서 의원 몇 명을 체포하자고 제안했지만 거부당했다. 그래서 그는 체포방안을 고안하기로 결심했다. 사흘 후인 7월 26일(테르미도르 8일), 그는 두 위원회의 동료 위원 몇 명이 공화국을 전복하는 계획을 세웠으므로 그들을 숙청해야 한다고 연설했다. 그러나 그는 그들의 이름을 적시하지 못했거나 자신이 어떤 정책의 변화를 원하는지 정확히 밝히지 못했다. 의원들은 로베스피에르의 돌발적인 폭로에 몹시 당황했지만 그의 연설을 인쇄하고 다음 날 논의하기로 의결했다. 그날 저녁 로베스피에르는 자코뱅 클럽에서 자신의 근거 없는 주장을 반복해서 요란한 갈채를 받았다. 구국위원회의 동료인 콜로와 비요 바렌이 그에게 답변하려 했지만 청중의 고함을 들으면서 쫓겨났다. 두 위원회는 재빨리 회의를 열어 반격을 준비했고, 위협을 느낀 의원들도 반격 계획을 짰다.

이튿날인 7월 27일(테르미도르 9일) 아침, 국민공회가 늘 처리하는 업무를 마친 뒤에 생쥐스트가 로베스피에르를 지원하기 위해 일어섰지만 의원들이 고함을 쳐서 그를 주저앉혔다. 두 시간 동안 토론한 뒤 로베스피에르, 생쥐스트, 그들과 단짝인 구

국위원 쿠통이 붙잡혔다. 로베스피에르의 아우 오귀스탱Augustin
Bon Joseph de Robespierre(1763-1794)과 안보위원회의 필리프 르바
Philippe-François-Joseph Le Bas(1764-1794)도 같이 잡혔다. 파리 코
뮌이 개입하고 다섯 명을 구출해서 시청으로 데려갔다. 그리고
모든 구의 국민방위군에게 도와달라고 요청했다. 그러나 최고
임금제에 실망한 상퀼로트는 싸늘하게 반응했다. 단 몇 개 부대
만 시청으로 갔고, 국민공회는 그것을 기회 삼아 다섯 명을 무법
자로 선언하고 파리 서쪽 부유한 구역의 국민방위군을 시청으로
보내 그들을 잡아오라고 명령했다. 이튿날 새벽 3시경 모든 일
이 끝났다. 국민방위군이 도착했을 때 르바는 머리에 총을 쏴서
자결했다. 오귀스탱 로베스피에르는 창밖으로 뛰어내려 다리가
부러졌다. 어릴 때부터 허리 아래가 마비된 쿠통은 바퀴의자에
서 층계로 몸을 던졌고 머리를 심하게 다친 채 바닥에 널브러져
있었다. 로베스피에르는 총으로 자결하려 했지만 턱만 날려버렸
다. 생쥐스트는 피할 수 없는 운명을 조용히 냉철하게 기다리다
가 붙잡혔다.▸76, ▸88 생존자 넷은 모두 무법자였기 때문에 재판
할 필요가 없었고, 그날 저녁 7시에 지지자 열여덟 명과 함께 처
형당했다. 그다음 이틀 동안 파리 코뮌의 83명이 그들의 뒤를 따
라 처형된 뒤 집단묘지에 묻혔다.

1794년 7월 28일, 단두대의 이슬로 사라진 로베스피에르.

공포정의 끝과 테르미도르 반동

테르미도르 9일은 공포정을 끝내는 일과 별 상관없었다. 로베스
피에르는 목숨을 부지했다 해도 공포정을 끝내지 않았을 것이
고, 두 위원회의 반대자들도 그것을 원했다고 생각할 근거는 없
다. 7월 29일 국민공회에서 구국위원회의 바레르는 혁명정부가
위기를 딛고 전보다 더욱 강해졌다고 주장했다. 안보위원회도
분명히 예전처럼 자기 임무를 계속 수행할 의지를 가지고 로베
스피에르 지지자들의 체포영장을 무더기로 발행[하고 모두 106명
을 처형]했다. 그러나 양대 위원회는 상황을 아주 오판했고, 국민
공회가 정치적 권위를 되찾게 되면서 공포정은 몇 주 안에 〔쓰나
미가〕 덮치듯이 무너졌다. 7월 29일 국민공회는 모든 위원회 위
원을 4분의 1씩 매달 새로 뽑으라고 명령했다. 이렇게 해서 구국
위원회와 안보위원회가 권력을 유지하는 기반이던 구성원의 지
속성을 무너뜨렸다. 구국위원회는 로베스피에르·생쥐스트·쿠
통이 남긴 세 자리를 온건파로 채웠고, 8월 말 즈음에는 옛 위원
이 단 세 명만 남았다. 8월 24일 구국위원회의 권력을 축소해서
전쟁과 외교만 담당하게 했고, 국내 정책에 대한 책임을 나머지
15개 위원회에 나눠주었다. 프레리알 법을 8월 1일 폐지하고,
혁명법원의 검사 푸키에 탱빌을 체포했다. 그 후 즉각 혁명법원
의 절차를 바꾸어 피고에게 변호사를 접견하고 증인을 신청할

권리를 허용했으며, (8월 10일) 모든 판사와 배심원을 새로 임명했다. 처형률은 극적으로 떨어졌고, 친구와 친척들이 감옥 앞에서 석방하라고 떠들자 수용자들을 풀어주어 감옥을 비웠다. 8월 말까지 2,000명 이상이 풀려나고, 석방의 물결은 지방에도 몰아쳤다. 9개월 뒤인 1795년 5월 31일에 혁명법원도 완전히 문을 닫았다.▸201

공포정이 붕괴하면서 후폭풍이 불기 시작했다.▸202 출판 검열을 무시하고 수십 가지 정치 책자와 신문이 나와 공포정을 고발하고 부역자를 처벌하라고 요구했다. 국민공회 의원이며 9개월 전에 각각 마르세유와 보르도에서 파견의원 임무를 수행한 루이 마리 스타니슬라스 프레롱Louis-Marie Stanislas Fréron(1754-1802)과 장 랑베르 탈리엥Jean-Lambert Tallien(1767-1820)은 '금테 두른 젊은이'(죄네스 도레jeunesse dorée)의 무장단체를 조직하라고 부추겼다. 젊은이들은 거리에서 자코뱅파와 상퀼로트 활동가들을 때리고, 11월 초에는 자코뱅 클럽의 창문을 모조리 부숴 강제로 문을 닫게 했다. 지방의 클럽도 대부분 이듬해 봄까지 문을 닫았고, 혁명정부의 강력한 구성요소였던 자코뱅 클럽의 그물조직도 와해시켜 공포정을 사라지게 만들었다. 12월에는 낭트 수장 사건이 일어날 때 방데 파견의원이던 장 바티스트 카리에를 혁명법원에 세워 수장 사건의 책임을 묻고 처형했다. 그해(1794년)가 가기 전 국민공회는 구국위원회와 안보위원회 위원들이 공포정 시기에 한 일을 조사할 위원회를 설치했다.▶²⁰³ 〔1795년〕 3월 2일 그중 세 위원 바레르·비요 바렌·콜로를 가택연금하고 나중에 기아나로 유배했다. 5월에는 〔혁명법원〕 검사로서 했던 일의 책임을 물어 푸키에 탱빌을 처형했다.

　정치적 반동과 개인적 복수가 이내 지방으로 퍼지면서 '백색공포'라는 이름을 얻었다. 백색은 부르봉 가문의 색깔이었다. 1793~1794년의 공포정에 동조한 사람은 누구나 공격을 받았다. 1793년 여름 연방주의자 반란이 일어났을 때 자코뱅파가 아주 잔인하게 탄압했던 곳에서 독한 복수의 바람이 불었다. 백색공포는 공식적인 사건이 아니었다. 1793~1794년의 공포정과 달리 정부조직이 살인에 관계한 적은 없었다. 단지 몇 군데 지방 행정기관이 은밀히 부추겼거나 못 본 체해주었을 뿐이다. 1794~1795년 겨울에 왕당파 비밀집단으로 자칭 '예수의 부대' 또는 '성자의 부대'가 자코뱅파를 공격하면서 복수를 감행했다.² 1795년 2월 말 님에서 국민방위군이 자코뱅파 행정관 몇 명을 붙잡아 감옥으로 데려가면서 집단 폭행할 때 최초로 대량 살육

2　원어는 'Compagnies de Jéhu'이며, 가끔 'Compagnies de Jésus'로 부르기도 한다. 예후Jéhu는 구약성서에 나오는 이스라엘 왕인데 바알 신을 믿는 이세벨을 죽였다. 「열왕기」 참조.

으로 발전했다. 1795년 4월 10일의 법으로 모든 자코뱅파 활동가들의 무장해제를 명령한 뒤 백색공포는 더욱 빨리 퍼졌다. 5월 4일 리옹의 감옥에서 100명 이상의 자코뱅파, 일주일 후 엑스 앙 프로방스에서 60여 명, 6월 초 마르세유에서 100명 이상이 학살당했다. 1795년 말까지 남동부에서만 2,000명에 달하는 자코뱅파가 목숨을 잃었다. 그곳의 행정관들이나 중앙정부는 학살을 멈추게 하려는 노력을 전혀 하지 않았다.[108], [157]

파리의 상퀼로트도 지방 자코뱅파와 비슷한 처지였다. 이미 1794년 봄 구국위원회는 그들의 정치적 권력을 박탈했고, 테르미도르 반동 이후 나사를 더욱 조였다. 구민회의를 열흘마다 두 번에서 한 번으로 줄이고, 반혁명 혐의자를 체포하는 혁명위원회 권한을 박탈했으며, 그 결과 중류 계급이 구민회의에서 정치적 영향력을 행사하기 시작했다. 국민공회는 자유시장 경제체제로 돌아가면 식량 부족과 저물가 문제를 해결할 수 있다는 그릇된 믿음으로 1794년 12월 24일 가격통제와 전반적인 최고가격제를 폐지했기 때문에, 상퀼로트는 경제적으로 타격을 받았다. 18세기 중에서 1794~1795년 겨울이 가장 혹독하게 추웠기 때문에 국민공회의 실수는 더욱 나쁜 결과를 가져왔다. 강물이 얼고 운송이 마비되어 식료품 공급이 바닥을 쳤다. 더욱이 5월까지 아시냐 지폐 가치가 액면가의 7.5퍼센트까지 떨어져 위기가 더욱 심각해졌다. 1795년의 4월까지 생활비가 두 배로 오르고,

빈자들에게는 굶주림·저체온증·자살이 흔했지만 부자들은 시장에서 비싸게라도 물건을 구입해서 생존할 수 있었다. 이러한 규모의 궁핍으로 고통받는 상퀼로트는 급진파의 주도로 1795년 4월 1일과 5월 20일에 두 차례 봉기했다. 파리 동쪽 가난한 구역의 군중이 두 차례 모두 국민공회로 쳐들어가 빵을 요구하고 오랫동안 사문화했던 '1793년 헌법'을 시행하라고 촉구했다. 바로 2년 전 (1793년 5월 31일과 6월 2일) 상퀼로트가 국민공회에 쳐들어갔을 때는 지롱드파를 체포하라고 강요하면서 공포정을 시행했지만, 이제 상황이 변했다. 자코뱅파 의원들은 소수파였으며, 의원들은 그때보다 더 잘 대처할 준비를 갖추었다. 두 차례 봉기는 진압되었고, 그들을 지원한 자코뱅파 의원들은 군사위원회에서 처형되었으며 1,200명 이상의 상퀼로트가 붙잡혔다. 수천 명이 무장해제를 당했고, 차후 1830년까지 파리에서 그 정도 규모의 민중반란은 일어나지 않았다.[202]

공포정 이후의 공포정

국민공회는 상퀼로트를 통제한 뒤 급진적인 '1793년 헌법'을 마침내 폐기하는 대신 총재정부 체제를 수립할 '공화력 3년 헌법'을 기초했다. 그러나 총재정부는 정치적 안정을 이루지 못했다.

입법부는 '500인회'의 하원과 '상원'으로 구성했고, 의원들은 유산 계급에서 뽑을 수 있도록 투표권을 세심히 조작했으며, 총재 다섯 명의 행정부는 입법부 의원이 되지 못하거나 입법부에 간섭할 수 없게 했다. 헌법의 목적은 군주정과 자코뱅주의의 중간을 택하는 데 있었지만, 사회적·정치적 갈등으로 분열하고 아직도 전쟁을 하는 나라에서 중간의 길을 찾기란 어려웠다. 그래서 출발부터 불안정을 두려워하는 분위기였고, 임기를 마쳐가는 국민공회는 상하원 의원들의 최소 3분의 2를 국민공회 의원 중에서 뽑도록 의결했다. 이 조치는 우파가 헌법과 공화국을 뒤엎는 일에 헌신한 의원들을 뽑지 못하도록 막으려는 의도에서 나왔다. 헌법은 양원 의원들의 3분의 1을 매년 선거로 갈아치우도록 정했지만, 1797년 봄에 처음으로 부분선거를 실시했을 때 우파 의원들이 다수 의석을 차지했고, 심지어 몇 명은 왕당파였다. 총재들은 그 문제를 해결하는 방법을 놓고 이견을 보였고, 결국 세 명이 1797년 9월에 군사정변을 일으켰다. 이른바 공화력 5년의 '프뤽티도르 정변'(1797년 9월 4일 군사정변coup d'État du 18 fructidor an V)이었다. 정변을 일으킨 총재 세 명은 반대한 두 명을 제거하고, 새로 뽑힌 우파 의원들을 체포하라고 명령하는 한편 우파 신문을 발행하지 못하게 했다.

군사정변이 일어난 뒤에 왕당파와 비선서사제, 환국한 망명자들을 상대로 국가 차원의 공포정을 실시했다. '프뤽티도르 공포정'은 1793년에 써먹었던 국가안보와 경계의 논리를 다시 이용했다. 그러나 구조적인 차이는 있었다. 전적으로 국가가 통제하는 공포정으로서 군사법원을 이용했고 전적으로 왕당파만 노렸기 때문이다. 하워드 브라운Howard G. Brown은 1797~1798년 겨울을 나면서 275명을 처형하고 1,500명 이상 유배했는데, 그들은 대부분 비선서사제였다고 분석했다. 일단 이런 정책을 시행하자 너무 유익해서 포기하지 못했고, 노상강도와 도적떼 같은 범죄도 사회에 혼란을 야기하는 심각한 범죄로 확대해서 법원에 송치했다. 1799년까지 200여 도시, 도회지, 읍이 그들의 통제를 받았다. 브라운은 그 체제가 행정적 감시와 강제적 치안 유지에 바탕을 두었다는 뜻으로 '안보국가security state'라고 불렀다. 그러므로 나폴레옹이 1799년 말에 권력을 잡았을 때 새로운 체제를 도입한 일은 없었다. 그 대신 그는 억압적 치안 체제를 물려받아 자신의 권위주의의 특징처럼 활용했다. 1800년 크리스마스이브에 보나파르트가 오페라로 향할 때 생니케즈 길에서 폭탄이 터졌다.▶202, ▶203 왕당파들이 이 폭탄을 심었지만 보나파르트는 자코뱅파의 체제비판을 정리하는 기회로 삼아 여남은 명을 처형하고 90명 이상 유배했다.

1790년대 말 공포정은 정치적 불안뿐 아니라 사회적 무질서를 덮어버리는 억압적 정의로 탈바꿈했다. 구체제의 자의적 정의로 완전히 되돌아가지 않지만, 공포정 시기에 시행한 정치적 정의와 아주 달랐다. 구국위원회의 통제를 받으면서 일한 혁명법원·민간위원회·군사위원회는 주로 정치적 반대자를 겨냥하다가 막바지 몇 주간에는 구체제의 사회지도자 층까지 범위를 넓혀나갔다. 그런데 총재정부는 정치적 반대자를 겨냥했지만 주로 왕당파에게 초점을 맞추었고, 보나파르트는 공화주의자와 왕당파를 모두 겨냥하고 전반적인 사회적 무질서에 억압의 장치를 동원했다.

엄밀한 의미에서 정치적 공포는 19세기에도 두 번 나타났지만, 모두 정치적 우파보다 좌파를 겨냥했다. 1848년 제2공화국 임시정부는 '국민작업장'〔공공근로사업장ateliers nationaux〕을 폐쇄하는 데 반대한 노동자 반란을 분쇄했다. 이렇게 '6월 봉기'〔6월 항쟁일Journées de juin(1848년 6월 22~26일)〕에서 1,500명이 죽고 1만 5,000명이 붙잡혔는데, 그 가운데 4,000명이 장기수가 되거나 추방형을 받았다. 1871년 5월 말 파리 코뮌이 붕괴했을 때 군대는 일주일 이내에 코뮌파 반도 1만 8,000~2만 5,000명을 죽이고 4만 명을 붙잡았다. 1848년의 수치는 공포정 시기 파리의 수치보다 적지만 15개월이 아니라 단 사흘 동안 일어난 일이었다. 1871년의 수치는 공포정 시기의 희생자 수를 미약하게 보이도록 만든다. 분명히 1794년 이후 공포정은 정치적으로 성격이 완전히 바뀌었다.

결론

　　1789년부터 1815년까지의 혁
명기와 나폴레옹 통치기를 넓게 보면 기본적으로 입헌군주
정(1789~1792년), 민주공화정(1792~1804년), 나폴레옹 제정
(1804~1815년)의 세 가지 정치 모형을 구별할 수 있다. 1815년
이후 프랑스 정치는 대체로 이 세 모형을 따랐다. 1815년부터
1848년까지 두 번의 입헌군주정, 1852년부터 1870년까지 또
한 번 나폴레옹 제국, 그리고 1848~1852년과 1870년 이후 오
늘날까지 다섯 번의 공화정이 있다. 프랑스의 정치 토론은 항상
역사적 내용을 강력히 반영했고, 혁명이 현대 정치의 출발점이
며 세 가지 정치 모형 가운데 두 가지를 제공했다는 사실이 토론
의 중요한 일부로 등장한다.

　　프랑수아 퓌레는 1978년에 혁명의 수정주의 해석을 내놓으
면서, 프랑스 공산주의가 붕괴하고 전통적 우파가 쇠퇴했음에
도 아직까지 프랑스 혁명의 의미를 중시할 필요는 없다고 주장
했다. 1789~1894년의 사건은 이제 1790년대와 오늘날을 굳이

비교할 필요가 없이 덤덤하게 검토할 수 있는 대상이 되었다는 것이다. 그는 "혁명은 끝났다"고 주장했다.[29] 그러나 1980년대 말 혁명의 200주년을 기념할 때, 대체로 공포정을 문제 삼는 역사가와 정치평론가들에게 혁명은 여전히 살아 있는 주제였다. 여기서 현대 정치가 중요한 역할을 했다. 1980년대 말 소련의 해체로 혁명의 전반적 문제를 둘러싸고 토론이 되살아났기 때문이다. 마르크르주의자와 자코뱅파 역사가들은 레닌과 로베스피에르의 업적을 종종 비교했고, 레닌도 볼셰비키 혁명과 공포정을 비교했다.[36, 42] 그러나 1980년대와 소련의 역사에 비추어 볼 때 혁명과 공포정은 긍정적 업적이 아니라 부정적 성과로 보였다. 공산주의 비판론자는 스탈린의 공포정을 로베스피에르의 공포정과 비교할 만하다고 보고 프랑스 혁명까지 거슬러 올라가면서 러시아 공산주의를 깎아내렸다. 혁명은 완전히 '끝나지' 않았음이 분명하고 공포정은 여전히 현대 정치 토론의 주제로 남아 있다.[27, 4]

역사가들은 자기가 사는 세상과 자신을 분리할 수 없으며, 공포정 토론의 모든 면에서 과거를 해석할 때도 한 눈은 현대를 보고 있다. 그러나 모든 주장이 동등한 가치를 지녔다고 말하려는 의도는 없다. 이 책에서는 공포정을 1789년 혁명 초부터 있었다고 주장하는 보수주의 견해는 1789년의 민중 폭력을 확장한 것이 공포정이라고 보기 때문에 단순하다고 지적했다. 보수주의

견해는 폭넓게 보지 않고 다른 요소들을 빼먹었다. 최소한 반혁명의 영향이라도 봤어야 한다. 그것도 혁명에 중요한 역할을 했기 때문이다. 수정주의 해석은 그보다 강력한 논리를 동원했지만 좁은 시각으로 이념의 역할과 루소의 영향에만 초점을 맞췄다. 그것은 사회사와 마르크스주의 방법론에서 벗어나려고 노력하면서, 1789년부터 혁명과정의 방향을 이끈 특별한 정치문화의 산물이 공포정이었다고 묘사한다. 그러나 그것은 사회적 힘의 상호작용, 사건의 역할, 반혁명의 충격을 무시한다. 그 나름대로 그 해석은 마르크스주의의 경제적 결정주의를 모든 조각의 하나까지 교조주의로 보는 이념적 결정론으로 대체한다.

상황론에도 결함은 있다. 19세기 초의 프랑수아 미녜François-Auguste-Marie Mignet〔1796-1884〕와 마리 조제프 티에르Marie Joseph Louis Adolphe Thiers〔1797-1877〕또는 19세기 말 올라르가 주장했듯이 상황론은 근본적으로 공포정을 반혁명과 전쟁 위협에 대한 반사적 대응이라고 묘사했다. 혁명 때문에 전쟁이 일어날 수밖에 없었다면 설득력 있는 얘기겠지만, 사실은 그렇지 않았다. 우리가 앞에서 보았듯이, 지롱드파는 전쟁이 혁명의 정치적·종교적 난관을 극복할 해결책이라고 선전했고, 발미 전투에서 쉽게 승리할 수 있다는 희망이 일었음에도 전쟁을 확대했다. 전쟁을 공포정의 원인으로 이용하는 것도 방데 반란을 진압한 뒤 방데의 탄압이 다른 곳보다 훨씬 잔인했던 이유, 더욱이 1794년 여름에 전쟁과 내란의 위협이 감소했음에도 공포정을 강화한 이유를 제대로 설명하지 못했다.

신수정주의는 혁명의 정치적 변화라는 맥락에서 공포정을 보기 때문에 더욱 설득력 있다. 그것은 1789년 귀족이 변화를 받아들이지 않으려고 완강히 버티는 것을 보고 처음에는 온건한 태도를 보여주던 의원들이 국민의회를 급진적인 방향으로 몰아갔다고 설명한다. 또 신수정주의는 반혁명 폭력, 〔루이 16세의〕 바렌 도주, 1791년 여름부터 모든 비판과 이견을 반혁명으로 믿도록 부추긴 음모론의 중요성을 강조한다. 그때 지롱드파의 전쟁 선전이 반역의 두려움을 부추기는 데 한몫했고, 상퀼로트를 동원할 경제 문제를 발생시켰으며, 정부의 중앙집권이 필요하다고 강요했다. 1793년 3~4월의 군사적 패배와 방데 반란에서 공포정의 제도가 성장했고, 그해 가을 방데와 연방주의가 지배한 남부를 군사적으로 정복하면서 탄압이 속도를 냈다. 그러고 나서 1794년 봄에는 공포정이 안쪽으로 방향을 틀어 자코뱅 활동가들을 겨냥하고, 1794년 여름에 프레리알 법이 프랑스 인민 대다수를 잠재적 반혁명 혐의자로 만들었을 때 절정이었다.

그러나 공포정을 탄압과 중앙집권으로만 볼 수 없다. 인민주권 이론에 바탕을 둔 정치적·사회적 민주주의를 이루고, 재산권의 근본 원칙에 도전하지 않고 새로운 사회질서를 수립하려는 자코뱅파의 행동강령도 공포정을 이해하는 데 빼놓을 수 없다. 전쟁과 내전의 제약이 많았기 때문에 토지를 나누고, 세속적 기본교육 체제를 수립하며, 새로운 종교를 창조하고, 사회복지를 실천하려는 계획은 별로 영향을 끼치지 못했다. 그러나 그 계획은 자코뱅파가 전후에 건설하려는 세계에 대한 순수한 목적을 반영했기 때문에 단지 냉소적인 정치적 표현으로 보기는 어렵다. 그것이 비록 상퀼로트의 요구를 완전히 충족시키지 못한다 할지라도, 그 뒤에 있는 꿈은 재산의 분배, 교육과 사회부조의 권리 같은 문제를 제기했기 때문에 19세기 사회주의 발전에 크게 이바지했다.

이렇듯 공포정이 여러 요인이 작용한 결과였다면, 그 결과는 어떤 것이었나? 단두대를 공포정의 가장 지속적인 상징으로 만들었기 때문에 가장 명백한 결과를 죽음이라고 말할 수 있다. 미국 역사가 도널드 그리어Donald Greer는 60여 년 전의 연구에서 1793년 3월부터 1794년 8월 말까지 공식적으로 1만 6,594명이 처형당했다고 썼는데, 이것이 공포정 시기에 관한 유일한 통계분석이다.▶124 이것은 파리와 지방을 아우르는 통계지만 재판을 받지 않거나 재판을 기다리다가 감옥에서 죽은 사람 1만 8,000~2만 3,000명을 더해야 할 것이다. 방데에 사망자 20만 명을 더하면 사망자 총수는 최소 24만 명까지 올라간다.▶131 아마 수천 명이 더 희생되었을 것이다. 그러나 죽음은 무분별하거나 보편적 현상이 아니었다. 법 집행을 통해 1만 6,594명을 처형했으며, 사망률은 내란과 연방주의가 지배하던 지역에서 가장 높았다. 〔파견의원〕 카리에가 1793~1794년 겨울 낭트에서 활동한 결과, 루아르 앵페리외르 도 한 곳에서만 3,548명(전국의 21퍼센트)의 희생자가 발생했다. 좀더 넓은 방데 지방에서는 8,674명(전체의 52퍼센트), 남동부의 리옹·마르세유·툴롱에서 왕당파 반란이 일어났기 때문에 3,158명(19퍼센트)이 처형당했다. 연방주의자가 지배하는 남부와 남서부의 도에서는 910명(6퍼센트)이 처형당했다. 이렇게 해서 연방주의와 반혁명 때문에 죽은 사람은 모두 77퍼센트를 차지했다. 그리고 오스트리아·프로이센·영국의 침공을 받은 전방의 도에서도 처형률이 높았다. 북동부 국경의 3개 도에서 551명(3.5퍼센트), 동부에서 243명(1.5명)이 처형당했다. 이들을 파리에서 처형된 2,639명(16퍼센트)과 합치면 모든 처형의 98퍼센트에 달한다. 전쟁이나 연방주의와 관련이 없는 몇몇 도에서는 처형된 사람이 없었고, 대부분 중부 지방이나 알프스 같은 산악 지방의 34개 도는 열 명 미만이 죽었다.

그러므로 압도적인 다수의 희생자가 전쟁과 반혁명 지역에서 나왔고, 그것도 국민공회의 권위에 반대하다가 죽었다. 그들의 혐의를 분석해보면 93퍼센트 이상이 망명·선동·반역·음모·왕정주의 때문에 죽었다. 단지 1.5퍼센트만이 투기나 최고가격제를 무시한 '경제' 범죄로 죽었다. 그리어는 이렇게 말했다. "공포정이 주로 공화국의 가장 철저한 적에게 적용한 정치적 탄압의 도구였다는 추론을 무시하기 어렵다."▶131 매달 처형자 수를 추적하면 좀더 정확한 증거를 얻을 수 있다. 1793년 여름 처형자 수가 천천히 늘었지만 매달 100명을 넘지 않다가 9월부터 급증해서 1794년 1월에는 리옹과 낭트의 탄압이 최고조에 달하면서 3,517명으로 정점을 찍었다. 그러고 나서 1794년 봄에 수가 줄었다가 6월과 7월에 프레리알 법을 적용한 결과 한 달에 1,000명을 다시 넘겼다.

공포정 시기 사망자 수에서 정치적 영향으로 눈을 돌리면, 군사적 패배에서 공화국을 구했다는 사실이 가장 명백하다. 방데 반란이 성공했다면, 연방주의 군대가 파리까지 진격했다면, 제1차 동맹이 중대한 성공을 거두었다면, 공화국은 아마 붕괴했을 것이며, (절대군주정이든 입헌군주정이든) 어떤 형태로든 군주정으로 되돌아갔을 것이다. 군대를 강화하고 장군들을 교체하며, 모든 자원을 동원하고 내란을 끝내면서 공포정에 성공한 결과 그러한 일이 일어나지 않게 확실히 막았다. 그러나 자코뱅 정책은 문제를 해결하려는 의도와 달리 상황을 더욱 악화시키고, 공포정을 더욱 억압적으로 만들기 일쑤였다. 방데와 연방주의자 반란을 좀더 예민하게 다루었다면 1793년 봄과 여름에 완전한 내란을 피했을지 모른다. 정치적 대화를 능숙하게 할 수 있었다면 1794년 봄에 에베르와 당통의 파벌을 숙청하는 일은 없었을 것이다. 여러 가지 경우를 종합해 볼 때, 공포정은 완강한 성격 때문에 반대파를 만들고, 그 반대를 이용해서 더 많은 폭력을 정당화하면서 스스로 강화하는 힘을 가진 사건이라고 주장할 수 있다. 그러나 그것은 공포정 시기 정치가들이 저항과 반란의 정확한 정보를 얻기 어렵다는 사실을 무시하는 주장이다. 2세기가 지난 오늘날 분명해졌다고 당시에도 항상 분명했다고 볼 수 없으며, 수많은 문제를 음모로 해석하는 습관은 공포정의 수단을 보복하는 데 동원한 것이 정당하다는 그릇된 확신을 심어주었다. 공포를 가한 사람들은 그 자신도 종종 공포를 느꼈다.

조금 긴 안목으로 볼 때, 공포정에서 세 가지 중요한 정치적 전통이 발생했다. 첫째는 남성 보통선거, 의회민주주의, 정교분리에 기반을 둔 공화적 민주정이다. 그것은 오래 존속하지 못했다. 총재정부가 1795년 이후 보통선거를 희석시키고, 나폴레옹이 1799년에 집권하기 위한 장식처럼 국민투표를 이용했기 때문이다. 그것은 사라졌다가 1848~1852년 제2공화국에 잠시 떠올랐다가 1870년 이후 제3공화국에서 좀더 지속적인 제도가 되었다. 둘째는 사회민주주의다. 그것은 구국위원회의 사회개혁에서 영감을 받고 국가를 사회변혁의 원동력으로 보았다.[▶206] 그것은 1795~1796년에 프랑스 초기 사회주의자 그라쿠스 바뵈프가 '평등파 음모'에서 부활시키려 한 제도였다. 그는 혁명독재 체제를 수립하고 사회혁명을 일으키려는 목표를 가졌지만 불행하게도 실패했다.[▶208] 그것은 7월 왕정 시기에 사회주의 사상으로 다시 떠올랐고, 1848년 혁명에서 잠시나마 최고조에 달했다가 19세기 말 다양한 사회주의 분파에 흡수되었고, 그 뒤 사회주의의 중요한 요소로 남았다. 셋째는 강력한 국가였다. 16세기부터 절대군주정의 성장은 이미 구체제의 중앙집권을 어느 정도 성취했지만, 지방은 1789년까지 줄곧 독자성과 개성을 많이 유지했다. 혁명이 일어나 초기에 국가통합이라는 이해관계 속에서 지방의 독자성과 개성을 쓸어버렸고, 공포정은 1793년 12월 프리메르 법으로 새로운 지도 위에 중앙집권 국가를 강요했다. 나중에 총재정부가 그 법을 폐지했지만 여전히 행정의 중앙집권 체제를 유지했고, 나폴레옹은 도지사 제도를 창설해 프랑스인의 정치생활에 그 체제를 확고히 심어놓았다. 그러나 오늘날 프랑스 정치평론가들이 여전히 보나파르트보다 자코뱅파가 중앙집권국가 전통의 원조라고 생각하는 것은 의미심장한 일이다. 혁명이 프랑스에 200년간 정치적 불안을 가져온 출발점이라면, 공포정은 행정의 중앙집권화를 거쳐 앞으로 정치가들이 서로 다른 의견을 주장하면서도 국가의 존립을 위험하게 만들지 않을 수 있는 전통을 남겨주었다. 그것을 공포정의 업적이라고 말하긴 어렵지만, 로베스피에르와 동료들이 그것을 가치 있는 일로 인식했는지 아닌지는 별개 문제다.

이 연표에는 본문에서 언급한 내용을 모두 담는 대신 공포정의 연대기를 구축할 만한 주요 사건만 수록했다.

1789년	5월 5일	베르사유에서 전국신분회 개최
	6월 17일	제3신분 대표들이 '국민의회' 명칭 채택
	7월 14일	바스티유 정복
	8월 4~11일	국민의회가 봉건제 '폐지' 의결
	8월 26일	'인간과 시민의 권리선언' 완성
	9월 10일	새 헌법에서 양원제 입법부를 채택하기로 의결
	9월 11일	왕에게 일시적 거부권 부여
	10월 5~6일	파리에서 베르사유로 시위대 행진, 왕 일가 파리로 강제 이주
1790년	2월 19일	반혁명 음모로 파브라 후작Marquis de Favras 처형
	5~6월	몽토방과 님에서 반혁명 폭동 발생
	7월 12일	'성직자 시민헌법' 통과
	11월 27일	모든 사제에게 '성직자 시민헌법'에 맹세하도록 명령
1791년	1~3월	'시민헌법'에 대한 맹세로 사제들 분열
	6월 20일	왕이 바렌으로 도주

	7월 17일	샹드마르스의 '학살'
	9월 13일	루이 16세 '헌법' 인정
	10월 1일	입법의회 시작
	11월 9일	망명자들에게 두 달 안으로 귀국 명령(왕의 거부권 행사)
	11월 29일	입법의회는 왕에게 트리어와 마인츠 선제후들로 하여금 망명자들을 추방하도록 명령해달라고 요청
1792년	3월 10~23일	왕이 뒤무리에와 지롱드파 내각을 지명
	4월 20일	프랑스가 오스트리아에 선전포고
	6월 13일	지롱드파 장관들 해임
	6월 20일	상퀼로트가 튈르리 궁 침입
	8월 10일	봉기군이 왕권을 정지시킴, 입법의회는 국민공회 선거 명령
	9월 2~7일	파리에서 '9월 학살' 발발
	9월 20일	발미 전투
	9월 21~22일	국민공회 첫 회의, 프랑스가 공화국임을 선언
	11월 19일	외국의 피압제자들을 형제애로 돕겠다고 약속하는 '1차 선전법' 통과
	12월 10일	왕에 대한 재판 시작
	12월 15일	프랑스군이 점령지에서 구체제를 타파한다는 '2차 선전법' 통과
1793년	1월 21일	루이 16세의 처형
	2월 1일	프랑스가 영국과 네덜란드에 선전포고
	2월 24일	'30만 명 징집법' 통과

3월 10일	지방에 의원들 파견하고 파리에 '혁명법원 설치법' 통과
3월 10일	방데에서 반란 시작
3월 19일	'무장반도를 체포하면 24시간 이내 처형법' 통과
3월 21일	감시위원회comité de surveillance 설치
4월 6일	구국위원회 창설
4월 15일	파리 선거구민들이 국민공회의 지롱드파 의원 축출 요구
5월 4일	곡물의 가격통제
5월 29일	리옹에서 온건파가 자코뱅파 정부 축출
6월 2일	국민공회의 지롱드파 지도자들 숙청
6월 24일	1793년 '헌법' 통과
7월 10일	구국위원회에서 당통과 온건파를 제거
7월 13일	샤를로트 코르데가 마라를 살해
7월 26일	'투기꾼 사형법' 제정
7월 27일	로베스피에르가 구국위원회 위원이 되다
8월 1일	국민공회가 방데 초토화를 명령
8월 9일	디스트릭트마다 공공 곡물창고 설립
8월 23일	국민총동원령 발동
8월 29일	툴롱이 영국 해군에 항복
9월 5일	상퀼로트가 국민공회 난입
9월 6일	콜로 데르부아와 비요 바렌이 구국위원회 위원이 되다
9월 6~8일	옹쇼트에서 영국군과 네덜란드군 격파
9월 9일	파리에 '혁명군 설치법' 공포
9월 17일	'반혁명 혐의자법' 통과

9월 29일	최고가격제 실시
10월 5일	공화력 채택
10월 10일	'평화를 되찾을 때까지 혁명정부' 선언
10월 12일	파브르 데글랑틴이 안보위원회에 '외국인 음모' 고발
10월 16일	와티니에서 오스트리아군 격파
10월 16일	마리 앙투아네트 처형
10월 24일	공화력 도입에 관한 보고

공화력 2년(1793년 9월 22일~1794년 9월 21일)

10월 30일	여성공화주의자혁명협회 폐지
10월 31일	지롱드파 지도자들 처형
11월 7일	고벨이 파리 대주교직 사임
11월 10일	파리에서 '자유의 축전' 거행
11월 14일	샤보가 '외국인의 음모' 고발
12월 4일	프리메르 14일의 '혁명정부법'으로 구국위원회의 권력 집중
12월 5일	카미유 데물랭이 『비외 코르들리에』 창간
12월 6일	국민공회가 종교의 자유 원칙 확인
12월 17일	뱅상과 롱생 체포
12월 25일	로베스피에르의 『혁명정부의 원리에 대한 보고서』 발표
1월 13일	부패 혐의로 파브르 데글랑틴 체포
2월 2일	뱅상과 롱생 석방
2월 26일	생쥐스트가 '방토즈 법' 발의
3월 13~14일	에베르, 뱅상, 롱생과 코르들리에 클럽 지도자들 체포

3월 24일	에베르파 처형
3월 27일	파리 혁명군 폐지
3월 30~31일	당통, 데물랭과 관용파 지도자들 체포
4월 5일	당통파 처형
4월 16일	구국위원회가 자체 보안국 설치
5월 7일	'최고존재 숭배법' 통과
5월 8일	파리 이외의 혁명법원과 군사위원회 폐지
5월 11일	'국가구빈사업 등록부 작성법' 통과
5월 22일	로베스피에르와 콜로 데르부아에 대한 살해 시도
5월 23일	세실 르노 체포
6월 8일	최고존재 축전 거행
6월 10일	프레리알 22일 법으로 혁명법원 강화
6월 15일	바디에가 카테린 테오 사건 보고
6월 26일	플뢰뤼스 전투
7월 22~23일	구국·안보 양대 위원회와 로베스피에르의 화해 시도
7월 23일	파리 코뮌이 파리의 최고가격제 시행
7월 26일	로베스피에르가 국민공회의 비판자들을 공격
7월 27일	막시밀리엥과 오귀스탱 로베스피에르 형제, 생쥐스트, 쿠통, 르바 체포
7월 29일	국민공회가 소속 위원회들의 구성원을 매달 4분의 1씩 새로 뽑도록 의결
8월 1일	프레리알 22일 법 폐지
8월 10일	혁명법원을 재조직
8월 24일	구국위원회의 권한 축소

공화력 3년(1794년 9월 22일~1795년 9월 22일)

11월 12일	파리 자코뱅 클럽 폐쇄
12월 16일	낭트의 수장 책임자 카리에 처형
4월 1일	제르미날 12일 파리의 봉기
5월 20~21일	프레리알 1~2일 파리의 봉기
5월 31일	혁명법원 폐지
8월 22일	공화력 3년 '헌법' 채택

[공화력 4년(1795년 9월 23일~1796년 9월 21일)]

10월 26일	국민공회 마지막 회의
11월 2일	총재정부 집무 시작

1797년	9월 4일	프뤽티도르 18일 정변

1799년	11월 9~10일	브뤼메르 18일 정변으로 나폴레옹 집권

참고문헌

따로 밝히지 않은 경우, 모든 영어 저작은 런던, 프랑스어 저작은 파리에서 발간한 것이다.

전반적인 혁명사

1   F. Aftalion, *The French Revolution: An Economic Interpretation* (1990). 경제적 실수와 통화 정책 실패가 공포정의 원인이라는 관점으로 쓴 혁명의 경제사.

2   F.-A. Aulard, *The French Revolution, A Political History, 1789-1804* (trans. 1910). 공포정의 상황론을 분명히 진술한 가장 오래된 공화주의 해석의 모범.

3   B. Bowden & M. T. Davis eds., *Terror: From Tyrannicide to Terrorism* (2008). 프랑스 혁명을 포함해 공포정의 다양한 시기를 다룬 유익한 논저.

4   G. Chliand & F. Blin, *The History of Terrorism from Antiquity to Al Qaeda* (2007) 3~5장. 2,000년 이상 폭력주의(테러리즘)의 발달을 폭넓게 다룬다.

5   W. Doyle, *The Oxford History of the French Revolution* (1989). 지극히 많은 정보를 활용해 균형 잡힌 시각으로 읽기 쉽게 쓴 명저.

6   A. Farge, *Fragile Lives: Violence, Power and Solidarity in 18th Century Paris* (1993). 18세기 파리의 거리생활을 자세히 아는 역사가의 저술.

7   F. Furet & M. Ozouf eds., *Critical Dictionary of the French Revolution* (trans. Cambridge, Mass., 1989). 퓌레의 견해를 자극적이고 논쟁적으로 제시한 사전.

8   F. Furet & D. Richet, *The French Revolution* (trans. 1970). 퓌레는 혁명의 마르크스주의 해석을 처음 공격했다.

9   P. Gaxotte, *La Révolution française* (1970). 프랑스 혁명에 관한 전통적 우파 해석의 현대판.

10 P. Higonnet, *Sister Republics: The Origins of French & American Republicanism* (1989). 아메리카와 프랑스 혁명 이후 나타난 수많은 경향을 수정주의 관점으로 비교한 흥미로운 저작.

11 C. Jones, *The Longman Companion to the French Revolution* (1988). 프랑스 혁명기 사람, 장소, 날짜에 대한 유익한 참고서.

12 Georges Lefebvre, *The French Revolution*, vol. 2 (1962). 마르크스주의 방법론을 적용한 대표적인 혁명사 개설서.

13 R. O'Kane, *Terrorism* (2007). 폭력주의 발생부터 오늘날까지 성실히 개관.

14 S. Schama, *Citizens. A Chronicle of the French Revolution* (1989). 풍부한 일화와 주장을 담아 구체제와 혁명을 탁월하게 서술하고 있지만, 조심스럽게 읽어야 한다.

15 S. F. Sccott & B. Rothaus eds, *Historical Dictionary of the French Revolution, 1789-1799* (1985). 필수 참고서.

16 A. Soboul, *The French Revolution 1787-1799: From the Storming of the Bastille to Napoleon* (1989). 프랑스 혁명에 관한 마르크스적 해석의 고전. 오래되었지만 자세하고 명확한 사실을 제시.

17 D. Sutherland, *France 1789-1815: Revolution and Counter-revolution* (1985). 혁명사 개설서로 반혁명의 중요성도 강조.

18 J. M. Thompson, *The French Revolution* (1944). 20세기 초반, 올라르와 마티에즈의 영향을 받은 영국 선도적 역사가의 개설서.

19 A. de Toccqueville, *L'Ancien régime* (Oxford, 1962). 수정주의자와 '상황론' 역사가들이 모두 이용하는 19세기 영향력 있는 분석.

혁명사 서술

20 K. M. Baker ed., *The French Revolution and the Creation of Modern Political Culture, Volume 1: The Political Culture of the Old Regime* (Oxford, 1987).

21 K. M. Baker ed., *The French Revolution and the Creation of Modern Political Culture, Volume 4: The Terror* (Oxford, 1994).

22 K. M. Baker, *Inventing the French Revolution* (1992). 혁명의 지적 기원에 관

한 논총.

23 T. C. W. Blanning, *The French Revolution* (1991, second edition). 혁명의
    사회적 기원에 대한 쟁점을 탁월하게 소개한다.

24 E. Burke, *Reflections on the Revolution in France* (1790, various editions).
    쉽게 읽을 만한 책은 아니지만, 프랑스 혁명을 비판하는 버크의 견해를 참조할 만
    한 가치는 있다.

25 J. R. Censer, "The Coming of a New Interpretation of the French
    revolution", *Journal of Social History*, 21 (1987), pp. 295~309. 수정주의 주
    장을 비판적으로 검토하면서 루소의 사상이 1789년에 끼친 영향을 의심한다.

26 A. Cobban, *The Social Interpretation of the French Revolution* (1964). 제2
    차 세계대전 이후 마르크스주의 혁명 해석에 대한 첫 도전. 저자는 잇단 저술로 논
    점을 발전시켰다.

27 P. Farmer, *France Reviews Its Revolutionary Origins: Social and Political
    Opinion in the Third Republic* (1944). 제3공화국(1870~1940년) 시기 혁명사
    서술의 탁월한 지침서.

28 J. Friguglietti, "Alphonse Aulard: Radical Historian of the Radical
    Republic", *Proceedings of the Annual Meeting of the Western Society for
    French History*, 14 (1987). 올라르의 초기 연구 활동과 혁명사 연구를 추적.

29 F. Furet, *Interpreting the French Revolution* (trans. 1981). 혁명과 공포정에
    대한 수정주의 논문집.

30 F. Furet, "A Commentary", *French Historical Studies*, vol. 16, no. 4 (1990).
    퓌레는 이미 1789년부터 이념의 산물로 혁명의 근본적 급진주의가 존재했다는 믿
    음을 설명한다.

31 A. Gérard, *La Révolution française, mythes et interprétations* (1970), 간단
    하고 유익한 프랑스 혁명사 연구.

32 N. Hampson, "The French Revolution and Its Historians", in G. Best ed.,
    *The Permanent Revolution: The French Revolution and Its Legacy 1789-
    1799* (1988). 초보자에게 가장 적합한 안내서.

33 E. J. Hobsbawm, *Echoes of the Marseillaise. Two Centuries Look Back on
    the French Revolution* (1990). 영국 마르크스주의 역사가를 대표하는 학자의 폭
    넓은 역사 개관.

34 L. Hunt, "Penser la Révolution Française"(Review Essay), *History & Theory*, 20, no. 3 (1981) pp. 313~323. 퓌레의 수정주의 비판.

35 S. Kaplan, *Farewell Revolution: The Historian's Feud: France 1789/1989* (1995). 200주년을 맞아 정리한 역사적 논쟁과 역사가들에 대한 기막힌 개관.

36 C. Lucas ed., *The French Revolution and the Creation of Modern Political Culture, Volume 2: The Political Culture of the French Revolution* (Oxford, 1988). 이 책에서 인용한 논문을 수록한 중요한 논문집.

37 J. McManners, "The Historiography of the French Revolution", in A. Goodwin ed., *New Cambridge Modern History*, Volume 8 (Cambridge, 1965). 19세기 프랑스 혁명사가들에 대한 연구로서 장점이 있다.

38 A. Mathiez, *Le Bolchévisme et le Jacobinisme* (Paris, 1920). 볼셰비키 혁명이 일어난 직후 레닌과 로베스피에르를 순진하게 비교하면서 "역사는 정확히 반복한다"고 주장.

39 S. Maza, "Politics, Culture & the Origins of the French Revolution", *Journal of Modern History*, 61, no. 4 (1989) pp. 704~723, 〈**10**〉도 참고할 것. 주〈**20**〉의 베이커가 편찬한 『프랑스 혁명과 정치문화의 창조』에 관한 비평논문. 그 참신함을 인정하지만 문헌 분석에 의존할 때 주의할 점을 지적한다.

40 S. Mellon, *The Political Use of History: A Study of Historians in the French Restoration* (Stanford, 1958). 제2장에서는 1815~1830년 시기에 미네 같은 역사가들의 연구 방법을 다룬다.

41 L. G. Mitchell ed., *The Writings and Speeches of Edmund Burke, Volume VIII: The French Revolution, 1790-1794* (Oxford, 1989). 버크의 사상을 올바른 맥락에서 소개한 점에서 유익한 책이다.

42 J. L. Talmmon, *The Origins of Totalitarian Democracy* (1952). 계몽주의의 정치학은 프랑스 혁명 시기에 자유주의를 질식시키고 20세기 전체주의가 발전하게 만들었다고 주장.

43 M. Vovelle, "1789-1917: The Game of Analogies", in 〈**18**〉. 1917~1941년 프랑스와 러시아의 혁명사를 개관해 서술.

44 I. Woloch, "On the Latent Illiberalism of the French Revolution", *American Historical Review*, vol. 95, no. 5 (1990). 수정주의적 방법론에 대한 박식한 비판.

1789~1792년의 초기 역사

45 Micah Alpaugh, "The Politics of Escalation in French Revolutionary Protest: Political Demonstrations, Non-Violence and Violence in the *grandes journées* of 1789", *French History*, vol. 23, no. 3 (September 2009) pp. 336~359. 1789년의 군중이 폭력에 의존하기를 꺼렸다는 사례를 동원해서 저항의 평화적 모습을 강조한다.

46 H. B. Applewhite, *Political Alignments in the French National Assembly 1789-1791* (1993). 국회의 정치 집단을 자세히 분석한 필독서.

47 Nigel Aston, *Religion and Revolution in France, 1780 - 1804* (2002). 혁명과 종교 집단의 충돌을 가장 훌륭하게 다룬 저작.

48 K. M. Baker, "Fixing the French Constitution", in ⟨**19**⟩. 1789년에 헌법을 둘러싸고 벌어진 토론을 분석한 주요 논문.

49 K. M. Baker, "Representation redefined", in ⟨**20**⟩ and ⟨**22**⟩. 1789년의 헌법 토론을 추적하고 거기서 공포정의 가능성을 열었다고 주장.

50 K. M. Baker, "Revolution", in ⟨**36**⟩. 1789년이 혁명의 성격에 대한 개념을 바꾼 방식을 추적.

51 T. C. W. Blanning, *The French Revolutionary Wars 1787-1802* (1996). 1790년 대 외교사를 명쾌하고 설득력 있게 서술.

52 T. C. W. Blanning, *The Origins of the French Revolutionary Wars* (1986). 1792년 봄, 혁명전쟁으로 가는 원인을 분석하고 지롱드파를 비판.

53 J. R. Censer, *Prelude to Power The Parisian Radical Press, 1789-1791* (1976). 혁명 초 파리에서 발행된 급진파 신문에 대한 훌륭한 분석.

54 W. Doyle, *The Origins of the French Revolution* (1980). 수정주의 견해를 미처 포함시키지 못했으나 프랑스 혁명의 사회적·정치적 기원을 탁월하게 다룬 저서.

55 F. Furet & R. Halévi, *Orateurs de la Révolution Française, Volume I: Les Constituants* (1989). 저자들은 서문에서 급진주의가 1789년에 이미 존재했다고 주장했다.

56 J. Godechot, *The Counter-Revolution: Doctrine and Action 1789-1804* (1972). 반혁명을 개관한 유익한 저술.

57 L. Gottschalk & M. Maddox, *Lafayette in the French Revolution: Through* *the October Days* (Chicago, 1969). 1789년 말까지 라파예트의 역할을 자세히 연구.

58 H. Gough, *The Newspaper Press in the French Revolution* (1988). 파리와 지방의 신문 개관.

59 D. Greer, *The Incidence of the Emigration During the French Revolution* (Cambridge, Mass., 1951). 망명객의 수와 지리적 영향.

60 R. Griffiths, *Le centre perdu : Malouet et les 'monarchiens' dans la révolution française* (Grenoble, 1988). 양원제 입헌군주정 지지자들의 지도자인 피에르 빅투아르 말루에Pierre-Victoire Malouet의 활동을 중심으로 그들의 실패를 추적한다.

61 N. Hampson, *Prelude to Terror : The Constituent Assembly and the Failure of Consensus, 1789-1791* (1988). 국민의회의 토론 분석하고 루소의 영향 강조.

62 P. Jones, *The Peasantry in the French Revolution* (1988). 혁명이 농민에게 끼친 영향 연구.

63 P. Jones, *Reform & Revolution in France : The Politics of Transition, 1789-1791* (1995). 제6장에서 1789~1791년의 개혁을 탁월하게 분석한다.

64 M. Kennedy, *The Jacobin Clubs in the French Revolution : The First Years* (1982). 파리와 지방의 자코뱅 클럽을 자세히 연구.

65 G. Lewis, *The Second Vendée : The Continuity of Counter-Revolution in the Department of the Gard, 1789-1915* (1978). 가르 지방의 갈등에서 종교적·사회적 배경 분석.

66 M. Lewis-Beck, A. Hildreth & A. B. Spitzer, "Y a-t-il eu un groupe girondin à la Convention Nationale?", in F. Furet & M. Ozouf, *La Gironde et les Girondins* (1991). 1793년 봄에 지롱드파의 응집력이 증가한다고 강조하면서 아래 〈156〉의 지롱드에 대한 견해를 뒷받침한다.

67 C. Lucas, "The Problem of the Midi in the French Revolution", *Transactions of the Royal Historical Society*, 5ᵗʰ series, 28 (1978) pp. 1~25. 남프랑스 여러 곳에서 일어난 폭력 사태의 요인 분석.

68 B. Luttrell, *Mirabeau* (1990). 1789년부터 1791년까지 미라보의 정치적 곡예를 충분한 자료를 가지고 서술.

69 J. McManners, *The French Revolution & the Church* (1969). 혁명이 가톨릭

교회에 끼친 영향을 분석한 영어권 최고 저작.

70   C. J. Mitchell, *The French Legislative Assembly of 1791* (Leiden, 1989). 입법의회의 정치 개관.

71   W. Murray, *The Right Wing Press in the French Revolution 1789-1792* (1986). 우파 신문의 이념을 분석한 소중한 연구.

72   M. Ozouf, "'Public Opinion' at the end of the Old Régime", *Journal of Modern History*, 60 (1988) pp. s1~s21. 구체제에 여론이 발달하지만 정치적 다원주의를 부추기지 못하는 과정을 분석.

73   M. Price, *The Fall of the French Monarchy: Louis XVI, Marie-Antoinette and the Baron de Breteuil* (2000). 혁명기 궁중 정치를 탁월하고 공정하게 다룬 저서.

74   J. Roberts, *The Counter-Revolution in France, 1787-1830* (1990). 반혁명의 훌륭한 개관으로, 특히 1~2장이 그렇다.

75   B. Rose, *The Making of the Sans-Culottes: Democratic Ideas and Institutions in Paris, 1789-1792* (1983). 초기 상퀼로트 급진주의의 성장 과정.

76   G. Rudé, *The Crowd in the French Revolution* (1959). 파리 군중의 동기와 활동을 다룬 명저.

77   P. Sagnac, "La composition des Etats-Généraux et de l'Assemblée Nationale, 1789: Etude statistique et sociale", *Revue Historique*, 206 (1951). 세 신분 대표들의 사회적·지적 배경 연구.

78   S. F. Scott, "Problems of Law & Order During 1790, the 'Peaceful' Year of the French Revolution", *American Historical Review*, 80 (1975). 1790년은 전혀 평화롭지 않았으며, 반혁명으로 불안했다고 주장.

79   S. F. Scott, *The Response of the Royal Army to the French Revolution: The Role and Development of the Line Army, 1787-1793* (Oxford, 1973). 1789년에 혁명이 군대에 끼친 영향과 역할을 탁월하게 분석.

80   B. M. Shapiro, *Revolutionary Justice in Paris, 1789-1790* (Cambridge, 1993). 구체제부터 혁명기까지 비국교도와 반혁명에 대해 비교적 너그러웠던 권력당국의 태도를 추적한다.

81   T. Tackett, *Becoming a Revolutionary: The Deputies of the French National Assembly and the Emergence of a Revolutionary Culture, 1789-*

1790 (1996). 최근의 저작 가운데 국회의 정치사를 가장 자세히 다루었지만, 수정주의 해석을 수면 아래에 놓았다.

82   T. Tackett, *Religion, Revolution and Regional Culture in Eighteenth-Century France : The Ecclesiastical Oath of 1791* (1986). 지방의 종교적 태도까지 분석해서 제목보다 더 많은 내용을 담았다.

83   T. Tackett, "The Constituent Assembly & the Terror", in ⟨18⟩. 혁명 초에 공포정과 직접 연관성은 없다고 주장.

84   T. Tackett, "Nobles & Third Estate in the Revolutionary Dynamic of the National Assembly, 1789-1790", *Americal Historical Review*, 94 (1989). ⟨10⟩도 참고할 것. 제헌의회 초기의 정치적 갈등을 분석.

85   T. Tackett, *When the King Took Flight* (2002). 왕이 바렌으로 도주한 배경과 결과를 읽기 쉽고 명민하게 서술.

86   T. Tackett, "Conspiracy Obsession in a Time of Revolution : French Elites and the Origins of the Terror", *American Historical Review*, vol. 105, no. 3 (2000) pp. 691~713. 음모론의 발달을 개관한 선구적 연구.

1792~1794년의 공화국과 공포정

87   J. Abray, "Feminism in the French Revolution", *American Historical Review*, 80 (1975). 또 ⟨10⟩도 함께 볼 것. 혁명기 여성주의 발달과정과 여성 지도자 연구.

88   David Andress, *The Terror : Civil War in the French Revolution* (2005). 자세한 내용으로 잘 쓴 저작.

89   D. Bell, *The First Total War : Napoleon's Europe and the Birth of Modern Warfare as We Know It* (2007). 전면전의 탄생과 성격을 훌륭하게 논증한 저술의 개정판. 논쟁의 여지가 있음.

90   J. Bernet, "La déchristianisation dans le district de Compiègne", *Annales Historiques de la Révolution Française*, 248 (1982) pp. 299~305. 유익한 지역사 연구.

91   J. P. Bertaud, *The Army of the French Revolution : From Citizen Soldiers to Instruments of Power* (1988). 혁명이 군에 끼친 영향을 탁월하게 서술.

92 J. P. Bertaud, *Camille et Lucile Desmoulins: Un couple dans la tourmente* (1985). 소설 같지만 탄탄한 연구를 기초로 서술.

93 R. Bienvenu ed., *The Ninth Thermidor: The Fall of Robespierre* (1968). 혁명정부의 붕괴에 대한 중요한 사료 모음.

94 M. Biard, *Missionnaires de la République: Les Représentants du peuple en mission* (2002). 국민공회의 지방 파견의원들의 업적을 분석.

95 C. Blum, *Rousseau & the Republic of Virtue: The Language of Politics in the French Revolution* (1986). 루소의 덕 개념이 혁명 세대에 끼친 영향 연구.

96 M. Bouloiseau, *Le comité de salut public* (1968). 개요를 유익하게 서술.

97 P. Boutier & P. Boutry, *Atlas de la Révolution Française, Volume 6. Les sociétés politiques* (1992). 1789~1794년 (주로 자코뱅) 클럽의 성장에 대한 최신 연구.

98 N. Bossut, "Aux origines de la déchristianisation dans la Nièvre: Fouché, Chaumette ou les Jacobins nivernais?", *Annales Historiques de la Révolution française*, 264 (1986). 니에브르에서 푸셰가 주도한 탈기독교 운동의 정치적 배경 연구.

99 J. J. Brégeon, *Carrier et la terreur nantaise* (1987). 카리에의 생애와 낭트에서의 활동을 자세히 다루지만 호의적이지 않다.

100 H. Brown, *War, Revolution and the Bureaucratic State: Politics and Army Administration in France, 1791-1799* (1995). 공포정 시기 전쟁부의 정치적 역할을 탁월하게 분석.

101 F. Brunel, *Thermidor 1794: la chute de Robespierre* (1989). 1793년 가을부터 테르미도르까지 공포정 분석.

102 M. Burleigh, *Earthly Powers: Religion and Politics in Europe from the Enlightenment to the Great War* (2006). 3~4장에서 혁명을 종교의 대안으로 해석.

103 J. M. Burney, "The Fear of the Executive and the Threat of Conspiracy: Billaud-Varenne's Terrorist Rhetoric in the French Revolution", *French History*, vol. 5, no. 2 (1991) pp. 143~163. 음모론이 구국위원회의 핵심 위원에게 끼친 영향을 재미있게 설명.

104 P. Caron, *Les Massacres de septembre* (1935). 9월 학살을 자세하고 공정하게

평가.

105 J. Clarke, *Commemorating the Dead in Revolutionary France: Revolution and Remembrance, 1789-1799* (2007). 정치적 기억의 정치학을 섬세하고 자세히 분석.

106 J. Clarke, "Cenotaphs & Cypress Trees: Commemorating the Citizen Soldier in the Year II", *French History*, vol. 22, no. 2 (June 2008) pp. 213~240. 기념비와 오벨리스크 이야기.

107 R. C. Cobb, *The People's Armies* (trans. 1987). 혁명군과 상퀼로트의 정신자세에 대한 고전적 연구.

108 R. C. Cobb, *The Police and the People: French Popular Protest, 1789-1820* (1970). 상퀼로트 급진주의에 대한 오해를 불식시킨 전형적 연구.

109 R. C. Cobb, "Quelques aspects de la mentalité révolutionnaire (avril 1793-Thermidor an II)", in R. C. Cobb, *Terreur et subsistences, 1793-1795* (1965). 상퀼로트의 정신세계에 쉽게 접근할 수 있게 서술.

110 M. Crook, *Toulon in War and Revolution: From the Ancien Régime to the Restoration, 1750-1820* (1991). 제6장은 툴롱의 연방주의자 반란 연구의 결정판.

111 M. Crook, *Elections in the French Revolution: An Apprenticeship in Democracy, 1789-1799*. 1792년과 1793년의 선거 연구.

112 M. Dorigny, "Violence et révolution: les Girondins et les massacres de septembre", in A. Soboul ed., *Actes du colloque Girondins et Montagnards* (1980). 지롱드파는 학살 사건이 일어난 뒤까지 그 사건의 폭력성을 거의 문제 삼지 않았다.

113 D. L. Dowd, *Pageant Master of the French Republic. Jacques-Louis David and the French Revolution* (1948). 다비드를 정치적 맥락에서 고찰한다.

114 A. M. Duport, "Commission Populaire d'Orange", in A. Soboul éd., *Dictionnaire historique de la révolution française* (1989). 1794년 오랑주에서 공포정을 강화한 인민위원회 활동에 관한 연구.

115 W. Edmonds, "Federlism & Urban Revolt in France in 1793", *Journal of Modern History*, 1 (1983). 〈3〉도 함께 참고. 1793년 '연방주의' 반란에 대한 최근 연구를 명민하게 정리.

116 W. Edmonds, "A Jacobin Debacle: the Losing of Lyon in 1793", *History*,

54 (1984). 리옹에서 자코뱅파의 무능과 악명을 보여준다.

117 W. Edmonds, *Jacobinism & the Revolt of Lyon, 1789-1793* (Oxford, 1990). 제2의 도시에서 자코뱅주의와 공포정을 가장 잘 분석한 연구.

118 M. Eude, "Le comité de sûreté générale en 1793-1794", *Annales Historiques de la Révolution Française*, 261 (1985). 1794년 여름, 구국위원회와 안보위원회 내부의 불화를 검토.

119 M. Eude, "La loi de prairial", *Annales Historiques de la Révolution Française*, 254 (1983). 프레리알 법의 배경에 대한 결정적 연구.

120 M. Eude, "Points de vue sur l'affaire Cathérine Théot", *Annales Historiques de la révolution Française*, 198 (1969). 테오 사건이 혁명정부의 분열을 촉진하는 역할을 검토.

121 F. Feher, *The Frozen Revolutuion: An Essay on Jacobinism* (1987). 제5장에서 왕의 처형을 공포정의 첫 단계로 보는 문제를 다룬다.

122 A. Forrest, "Federalism", in 〈10〉and 〈34〉. 선도적 전문가의 개관.

123 A. Forrest, *The French Revolution and the Poor* (1981). 제5장은 공포정 시기 구빈법을 다룬다.

124 A. Forrest, *Society & Politics in Revolutionary Bordeaux* (1975). 1793년 보르도의 연방주의를 배후 삼아 정치적 온건주의가 작동했다고 강조.

125 A. Forrest, *Paris, the Provinces and the French Revolution* (2004). 8~9장은 연방주의와 지방 공포정의 필수적 연구다.

126 F. Furet, "Terror", in 〈5〉. 퓌레가 공포정에 대해 순화해서 쓴 글이다.

127 L. Gershoy, *Bertrand Barrère: A Reluctant Terrorist* (1962). 혁명의 거물급 생존자의 전기.

128 J. L. Godfrey, *Revolutionary Justice: A Study of the Organization, Personnel and Procedure of the Paris Tribunal, 1793-1795* (Chapel Hill, 1951). 희생자보다 혁명법원의 역사를 추적.

129 D. Godineau, *The Women of Paris and their French revolution* (1988).

130 H. Gough, "Genocide & the Bicentenary: the Frenche Revolution and the Revenge of the Vendée", *Historical Journal*, 30 (1987), pp. 977~978. 방데의 학살 논쟁 검토.

131 D. Greer, *The Incidence of the Terror During the French Revolution* (1935).

공포정의 희생자를 분석한 명저.

132 J. P. Gross, *Fair Shares for All: Jacobin Egalitarianism in Practice* (1997). 공포정 시기 자코뱅파의 사회 정책과 실천을 다룬 선구적 연구.

133 P. Guéniffey, *La Politique de la terreur: Essai sur la violence révolutionnaire, 1789-1794* (2000). 수정주의 해석의 최신판. 복잡 미묘하게 서술했으며, 상황론을 상당히 수용했다.

134 J. Guilhaumou, *La mort de Marat, 1793* (1989). 마라 살해의 맥락과 결과에 관한 분석.

135 N. Hampson, "From Regeneration to Terror: The Ideology of the French Revolution" in N. O'Sullivan ed., *Terrorism, Ideology & Revolution* (Brighton, 1986). 햄슨은 이념적 요인이 공포정으로 가는 데 중요한 역할을 했다고 주장. 수많은 수정주의자보다 더 균형 있는 서술.

136 N. Hampson, *Danton* (1978). 논란거리 인물에 대한 공평한 전기.

137 N. Hampson, *The Life & Opinions of Maximilien Robespierre* (1974). 가장 논란이 많은 혁명가에 대한 매력적이고 비정통적인 연구.

138 N. Hampson, "François Chabot & His Plot", *Transactions of the Royal Historical Society*, 5th series, 26 (1976). 공포정의 음울한 지하세계에서 발생할 수 있는 일을 가장 명확하게 설명.

139 N. Hampson, "Robespierre & the Terror", in C. Haydon & W. Doyle, *Robespierre* (1999). 형사 소추 사례 연구.

140 N. Hampson, *Saint-Just* (1981). 이상주의에서 공포정으로 발전한 생쥐스트의 비관론을 추적.

141 P. Hanson, *Provincial Politics in the French Revolution: Caen and Limoges, 1789-1794* (1989). 제5장은 캉의 연방주의자 반란에 대한 중요한 자료를 제시한다.

142 P. Hanson, *The Jacobin Republic under Fire: The Federalist Revolt in the French Revolution* (2003). 반란과 진압을 가장 훌륭하게 정리.

143 P. Higonnet, *Goodness beyond Virtue: Jacobins during the French Revolution* (1998). 자코뱅 이념 개관. 산만하지만 배울 점이 많은 연구.

144 P. Higonnet, "The Social & Cultural Antecedents of Revolutionary Discontinuity: Montagnards & Girondins", *English Historical Review*, 100

(1985) pp. 513~544. 지롱드파와 몽타뉴파의 차이를 자세히 점검하고, 불화의 중심에 "공유하는 원리와 책략의 차이"가 있다고 결론.

145 O. Hufton, *Women and the Limits of Citizenship in the French Revolution* (1992). 제1장은 혁명기 여성의 정치 활동과 여성공화주의자혁명협회 활동을 추적.

146 L. Hunt, "The Many Bodies of Marie Antoinette: Political Pornography and the Problem of the Feminine in the French Revolution", in Lynn Hunt ed., *Eroticism and the Body Politic* (1990). 여성에 대한 태도라는 관점에서 마리 앙투아네트 공격을 검토.

147 L. Hunt, "Pornography & the French Revolution", in Lynn Hunt ed., *The Invention of Pornography: Obscenity and the Origins of Modernity, 1500- 1800* (1996). 마리 앙투아네트의 명예가 공격받는 방식에 관한 서술.

148 L. Hunt, *Politics, Culture and Class in the French Revolution* (1984). 혁명의 상징과 정치적 지리학을 흥미롭게 다룬다.

149 E. Kennedy, *A Cultural History of the French Revolution* (1989). 혁명의 문화 정책과 영향에 대한 유익한 연구.

150 L. Jacob, *Joseph Le Bon, 1765-1795: La terreur à la frontière (Nord et Pas-de-Calais)*, vol. 2 (1938). 1794년 여름 르봉이 실시한 공포정을 자세히 서술.

151 D. P. Jordan, *The King's Trial. Louis XVI versus the French Revolution* (1979). 왕의 재판을 둘러싼 사건을 분명하고 재미있게 서술.

152 D. P. Jordan, "The Robespierre Problem", in C. Haydon & W. Doyle, *Robespierre* (1999). '청백리Incorruptible'의 경력을 생생하게 설명.

153 T. E. Kaiser, "From the Austrian Committee to the Foreign Plot: Marie-Antoinette, Austrophobia and the Terror", *French Historical Stuies*, 26, (2003) pp. 579~617. 오스트리아에 대한 공포가 공포정을 낳는 역할 추적.

154 G. Lefebvre, "Sur la loi du 22 prairial", in G. Lefebvre, *Etudes sur la révolution française* (1954). 〈114〉의 연구와 함께 읽을 것.

155 M. Linton, "Do you Believe that We're Conspirators?" in P. Campbell, T. E. Kaiser & M. Linton eds., *Conspiracy in the French Revolution* (2007) pp. 127~149. 공포정 시기 음모론에 대한 걱정을 명민하게 정리한 최신 연구.

156 C. Lucas, *The Structure of the Terror. The Example of Javogues and the Loire* (1973). 제멋대로 활동한 파견의원에 대한 사례 연구.

157 C. Lucas, "Themes in Southern Violence after 9 thermidor", in G. Lewis & C. Lucas eds, *Beyond the Terror: Essays in French Regional and Social History, 1794-1815* (1983) pp. 152~194. 1794년 이후 백색공포의 발달과정에 대한 중요한 논문.

158 M. Lyons, "The 9 Thermidor: Motives and Effects", *European Studies Review*, 55 (1975). 〈10〉도 함께 참고. 로베스피에르가 몰락할 때까지 모든 사건을 개관.

159 P. Mansfield, "Collot d'Herbois & the Dechristianisers", *Journal of Religious History*, 14 (1986~1987). 콜로는 리옹의 탈기독교 운동에 깊이 얽히지 않았다고 주장하지만, 다른 지역의 탈기독교 운동에 대해 유익한 사실을 제시한다.

160 P. Mansfield, "Collot d'Herbois et the Committee of Public Safety: A Revaluation", *English Historical Review*, 308 (1988). 콜로가 극단주의자가 아니라 실용주의자였다고 주장.

161 P. Mansfield, "The Management of Terror in Montagnard Lyon, Year II", *European History Quarterly*, 20 (1990). 콜로 데르부아가 리옹에서 실시한 공포정 분석.

162 P. Mansfield, "The Repression of Lyon 1793-4: Origins, Responsibility & Significance", *French History*, 2 (1988). 리옹의 연방주의 탄압에 대한 최고의 연구.

163 J. Cl. Martin, *La Vendée et la France* (1987). 형평성을 갖춘 시각으로 방데 난을 다룬다.

164 J. Cl. Martin, *La Vendée et la Révolution* (2007). 방데의 이모저모를 다룬 논문집.

165 J. Cl. Martin, *Violence et Révolution: Essai sur la violence et la naissance d'un mythe national* (2006). 혁명기 폭력의 형태와 다양한 자료 탐구.

166 J. Matharan, "Les arrestations des suspects en 1793 et l'an II: Professions and répression", *Annales Historiques de la Révolution Française*, 263 (1986) pp. 74~83. 공포정 기간 파리에서 체포한 9,000명에 대한 통계 분석.

167 A. Mathiez, "La Terreur, instrument de la politique sociale des robespierristes", in A. Mathiez, *Girondins et Montagnards* (1930). 방토즈법이 의도적 사회혁명의 일부였다고 주장하지만 설득력이 약하다.

168 C. Mazauric, "Political Clubs & Sociability in Revolutionary France, 1790-1794", in D. Dickson, D. Keogh & K. Whelan eds., *The United Irishmen, Republicanism, Radicalism & Rebellion* (1993). 공포정 시기 자코뱅 클럽의 확산에 대한 최고의 연구.

169 R. Monnier, "La dissolution des sociétés populaires parisiennes au printemps de l'an II", *Annales Hsitoriques de la Révolution Française*, 268 (1987). 에베르 처형 이후 민중협회의 폐쇄 현황.

170 M. Ozouf, *La Fête révolutionnaire, 1789-1799* (1978). 10년 동안 공공 행사의 역할과 축하 형식의 변화를 추적.

171 M. Ozouf, "La révolution française et l'idée de l'homme nouveau", in 〈7〉. 구체제부터 혁명기까지 사회와 도덕의 개혁사상을 추적한다.

172 M. Ozouf, "War and Terror in French Revolutionary Discourse, 1792-1794", *Journal of Modern History*, 56 (1984) pp. 579~597. 전쟁과 공포정의 관계를 논박하지만 이용한 자료의 범위가 너무 좁다.

173 R. R. Palmer, *Twelve Who Ruled: The Year of the Terror in the French Revolution* (Princeton, 2005). 오래전에 나왔지만, 구국위원회 활동에 대해 아직도 유익한 저술로서 최근 이서 울럭이 내용을 추가했다.

174 R. R. Palmer, *The Improvement of Humanity: Education and the French Revolution* (Princeton, 1985). 4장과 5장에서 공포정 시기의 교육개혁을 다룬다.

175 A. Patrick, *The Men of the First French Republic: Political Alignments in the National Convention of 1792* (1972). 지롱드파의 힘과 인물에 대한 가장 믿음직스러운 분석.

176 C. Petitfrère, "The Origins of the Civil War in the Vendée", *French History*, 2 (1988) pp. 187~207. 반란의 기원에 대한 최근 연구를 공정하게 요약.

177 C. Petitfrère, "Le peuple contre la révoluion française", *Histoire*, 53 (1988) pp. 34~43. 1793년 봄에 징집령에 반대하는 폭동을 검토하고, 왜 방데 지방에서 내전이 터졌는지 분석.

178 R. Pillorget, "The Cultural Programmes of the 1789 Revolution", *History* 70, (1985) pp. 386~396. 1793년 봄에 국민총동원령을 반대하는 폭동을 검토해 방데의 난이 일어난 배경을 설명.

179 J. D. Popkin, *Facing Racial Revolution: Eyewitness Accounts of the Haitian*

Insurrection (2007). 생도맹그 폭동에 대한 당대의 보고서.

180 J. D. Popkin, "Not over After All: The French Revolution in the Third Century", *Journal of Modern History*, vol. 74, no. 4 (December 2002) pp. 801~821. 후기 수정주의 반격의 시작을 통찰력 있게 정리.

181 M. Rapport, "Robespierre and the Universal Rights of Man, 1789-1794", in *French History*, 10, no. 3 (September 1996) pp. 303~333. 로베스피에르를 국수주의자로 본 전통 견해를 완화한다.

182 R. B. Rose, *The Enragés: Socialists of the French Revolution?* (1965). 그들이 사회주의자나 조직적인 정당은 아니었음에도 1793년 여름에 잠시나마 정치적 영향을 끼친 이유를 분석.

183 W. Scott, *Terror & Repression in Revolutionary Marseille* (1973). 마르세유의 연방주의의 기원과 탄압에 대한 탁월한 연구.

184 Anne Simonin, *Le déshonneur dans la République: Une histoire de l'indignité, 1791-1958* (2008). 공포정 시기 체포와 처형을 다룬 내용이 유익하다.

185 S. M. Singham, "Betwixt Cattle and Men: Jews, Blacks, and Women, and the Declaration of the Rights of Man", in D. van Kley ed., *The French Idea of Freedom* (1994). 다양한 사회 집단에 대한 태도를 연구한 흥미로운 논문.

186 S. Sirich, *The Revolutionary Committees in the Departments of France* (1943). 방대한 권력을 가진 혁명위원회의 활동을 추적.

187 M. Slavin, *The Making of an Insurrection: Parisian Sections and the Gironde* (1986). 1793년 6월 2일의 봉기를 자세히 연구.

188 A. Soboul, *The Parisian Sans-Culottes & the French Revolution 1793-4* (trans. 1964). 소불의 상퀼로트 연구 명저 〈**190**〉의 중간 부분.

189 A. Soboul, "Saintes patriotes et martyres de la liberté", in A. Soboul ed., *Paysans, sans-culottes et Jacobins* (1966). 1793년 가을, 르펠티에·샬리에·마라를 중심으로 혁명의 희생자 숭배 현상 분석.

190 A. Soboul, *Les sans-culottes parisiens en l'an II* (1958). 공포정 시기 상퀼로트의 정치 활동을 자세히 서술.

191 M. Sydenham, *The Girondins* (1961). 시드넘은 지롱드파의 존재를 부정하려고 노력한다. 위의 패트릭의 저서 〈**175**〉에 밀린다.

192 T. Tackett, "The West in France in 1789: The Religious Factor in the

Origins of Counterrevolution", *Journal of Modern History*, 54 (1982). ⟨3⟩도 함께 참고할 것. 방데 반란에서 종교적 원인을 이해하려면 반드시 참고해야 한다.

193 F. Tallett, "Robespierre & Religion", in C. Haydon & W. Doyle, *Robespierre* (1999). 로베스피에르의 종교관을 훌륭하게 소개.

194 J. M. Thompson, *Robespierre* (1935). 오래 전에 나왔지만 아직도 가치 있는 전기.

195 C. Tilly, *The Vendée* (Cambridge, Mass., 1964). 방데의 반란을 최초로 사회적으로 분석.

196 M. Vovelle, *The Revolution Against the Church : From Reason to the Supreme Being* (trans., Oxford, 1991). 분야의 선구적 연구자가 탈기독교 운동의 영향을 포괄적으로 분석한 명저.

197 Sophie Wahnich, *La longue patience du peuple : 1792. Naissance de la République* (2008). 1792년 9월까지 민중의 정치적 폭력을 복합적으로 추적.

198 M. Walzer, *Regicide and Revolution* (1974). 루이 16세의 재판에서 발생한 문제를 비교사 관점으로 검토.

199 M. Walzer, "The King's Trial and the Political Culture of the Revolution", in ⟨21⟩. 왕의 처형이 정치적 판결임을 인정하면서도, 맥락을 보면 정당한 판결이었으며 그 뒤에 오는 공포정과 전혀 관계가 없다고 주장.

200 L. Whaley, *Radicals : Politics and Republicanism in the French Revolution* (2000). 지롱드파와 몽타뉴파의 분열에 대한 기존 관념을 흥미롭게 수정.

201 L. Whaley, "Political factions and the Second Revolution : The Insurrection of 10 August 1792", *French History*, 7 (1993) pp. 205~224. 지롱드파 전원이 1792년 8월 10일의 봉기를 반대하지 않았다고 주장.

테르미도르 반동 이후

202 B. Baczko, *Ending the Terror : The French Revolution After Robespierre* (Cambridge, 1994). 테르미도르 반동 이후 공포정을 평가하는 태도에 대한 중요한 논문.

203 Howard G. Brown, *Ending the French Revolution : Justice and Repression from the Terror to Napoleon* (Charlottesville and London, 2006). 공포정 이

후의 정세 변화에 대한 새로운 접근법을 개척.

204 Howard G. Brown, 'Now Paths from the Terror to the Empire', in Howard G. Brown & Judith A. Miller eds., *Taking Liberties: Problems of a Now Order from the French Revolution to Napoleon* (Manchester & New York, 2002). 〈203〉에서 발전시킨 개념들의 발단을 엿볼 수 있는 중요한 시론.

205 R. C. Cobb & G. Rudé, "Le dernier mouvement populaire de la révo-lution à Paris: Les journées de germinal et prairial an III', *Revue Histori-que*, 124 (1955) pp. 250~281. 상퀼로트 운동기의 죽음의 고통 연구.

206 M. Lyons, *France Under the Directory* (1975). 공포정에서 총재정부로 이행되는 과정을 명확하게 서술.

207 P. Pilbeam, *Republicanism in Nineteenth Century France, 1814-1871* (1995). 19세기의 공화주의 전통의 운명에 대한 탁월한 개관.

208 R. Rémond, *The Right Wing in France from 1815 to de Gaulle* (Philadelphia, 1966). 나폴레옹 이후 우파의 사상과 이념을 분석한 명저.

209 R. B. Rose, *Gracchus Babeuf: First Revolutionary Communist* (Stanford, 1978). 자코뱅파의 사회 정책을 바뵈프가 전유한 과정에 대한 연구.

210 K. Tønesson, *La Défaite des sans-culottes: Mouvement populaire et réaction bourgeoise en l'an III* (1959). 테르미도르 반동 이후 상퀼로트 운동의 쇠퇴를 자세히 검토.

211 I. Woloch, *The New Regime: Transformations of the French Civic Order, 1789-1820s* (1994). 프랑스 혁명이 가져온 사회·정치 변화를 분석.

프랑스 혁명의 공포정

혁명의 특효약인가, 위약인가?

2021년 11월 29일 초판 1쇄 발행

지은이 | 휴 고프Hugh Gough
옮긴이 | 주명철
펴낸곳 | 여문책
펴낸이 | 소은주
등록 | 제406-251002014000042호
주소 | (10911) 경기도 파주시 운정역길 116-3, 101-401호
전화 | (070) 8808-0750
팩스 | (031) 946-0750
전자우편 | yeomoonchaek@gmail.com
페이스북 | www.facebook.com/yeomoonchaek

ISBN 979-11-87700-44-9 (94920)

여문책은 잘 익은 가을벼처럼 속이 알찬 책을 만듭니다.